大好生活
7

美國高中生存指南

一年內，從 ESOL 到 AP Lang 的台灣小高一奮鬥史

許捷——著
Chieh Hsu

AMERICAN HIGH SCHOOL SURVIVAL GUIDE

推薦序

青澀高中生的異國求學體驗

陳良基（台大講座教授、前教育部次長）

這本《美國高中生存指南》真是非常難得的一本書，是青澀的高中生異國求學體驗寫實，有喜樂，有考驗，也有省思。非常值得推薦！

推薦序

身入其境！看美國生活如何改變一個高中生

張正傑（大提琴家）

收到《美國高中生存指南》時，我正忙碌地在各地巡迴演奏，完全沒有時間閱讀。唯一的空檔是從台北往左營的高鐵上，哪知道一看就無法停止，居然還佔用我的練琴時間！原因除了內容好看，更是讓我回到四十五年前的時空，因為當時我就是個小留學生！

許多人會問我要不要把小孩送出國當小留學生？我的答案都是否定的，原因就是太辛苦了，而且變壞的機率還不小！難怪當年駐奧地利外貿協會代表說，看到留學生都是愁眉苦臉，唯獨我是陽光的。還好我有認識奧地利的乾爸媽，起碼週末有家庭生活，也有人可以溝通！

許捷全家一起出國兩年（不是移民）的模式是最棒的！小留學生要面臨的各種挑

戰包括種族歧視、與西方人不同思考邏輯、人際關係，還有各式各樣複雜的青少年問題，非常不容易。許捷至少有爸媽在身旁，回家可以討論！

我最高興的是看到許捷這個年輕人的改變，從不成熟，有點叛逆，到居然可以出書！完全是留學美國生活給他的歷練！我非常鼓勵學生留學或遊學，只是年紀不要太小，如果你沒有辦法，看看這本書還是可以身入其境！

推薦序

新移民的夢

齊天威（律師）
許 捷 譯

身為一位新移民之子，八〇年代時的我，每天都在父母從未接觸過的陌生環境下努力的探索著。就像其他初來乍到的加州新移民一樣，我當時每天都百般掙扎地想在「美國高中」這個叢林裡生存下去。

我的父母時常提醒我「用功讀書，才不會讓父母失望」，除了這些告誡以外，他們當時並沒有能力提供關於申請美國大學的建議，因為他們自己也沒有這樣的經驗。我們家境不算富有，在有限的經濟資源下，我既困惑又不知道該如何面對接踵而來的挑戰。我只好每天熬夜複習考試內容，卻也因此沒有多餘的時間和力氣參加課外活動以充實履歷。我當時所結交的朋友也大多跟我相仿，都是新移民的子女，我們很難得有機會可以獲得想要成功申請美國大學所具備的知識，因為我們總是家族裡第一個需要面對這個課題的小孩。

一直到九〇年代，當我拿到加州律師資格後，我才去回想當初我在美國高中那段波濤洶湧的旅途、幸運的被加州大學洛杉磯分校錄取、從法學院畢業、而後正式成為律師，等等一路上的事蹟。我時常想起當初與我一起奮鬥的新移民子女，也時常納悶，我能一路向前是因為我個人的堅持努力還是只純屬運氣。

我在讀許捷的這本書《美國高中生存指南》時，心裡在想的正是這些過去的經驗。這本書的內容對我來說，好像遙遠的過去，又像是一個嶄新的篇幅。我記憶中的高中生活仍是像叢林一般，而在午餐和在圖書館的時光，又時而親切時而孤單。那是一段痛苦與歡樂並存的珍貴歲月，生活中充滿著真誠的老師和朋友們，難以忘懷。

每個人的高中生活都有各自的挑戰和遺憾，然而也都是獨一無二的。對新移民家庭的子女來說，由於我們的父母對美國文化和學制缺乏深入了解，對在學業或情緒上指引我們度過這段挑戰，他們愛莫能助，因此更讓這些過程更加令人心生畏懼。不過，我們的故事在不久的將來或許會成為美國領導者和菁英分子的篇章，因為我們在青少年時期所接觸到的挑戰，使我們更加了解，沒有任何事是努力所達成不了的。

我誠心的希望你和我一樣喜歡許捷的新書，就像我體驗到的，有如打開時光膠囊一般，讓我有機會回頭檢視那些尷尬又令人不知所措的高中生活。許捷透過書中生動描述的人物以及場景，呈現了一位年輕移民的學習和成長歷程。這本書鉅細靡遺地寫出了一位年輕移民和他的家人如何與一個未知的教育體系打交道，其中雖歷經百般波折，不過最後還是成功抵達目的地。這本書也別樹一格的述說了作者在美國高中最後兩年的經歷，以及提供許多相關的實用建議，藉此以幫助其他處於相似處境的學子們，一起克服美國高中生活即將帶來的挑戰。

A New Immigrant's Dream

William Chi, Esq.
Attorney at Law

Growing up and going to high school in the U.S. during the '80s, I was an immigrants' son trying to make sense of an environment that my parents have never navigated and no one in my family could have ever imagined. Like so many other new arrivals to the shores of California, I was completely and utterly alone in trying to survive every day in the jungle that they called High School.

Besides the mantra of "Study Hard and Don't Let Us Down", my Taiwanese parents had no idea how to offer guidance in a college admissions process that they have never gone through. With limited economic resources, I was utterly confused and lost on what to make of the challenge before me. Besides cramming every night studying for exams, I had no time nor energy to think about extracurricular or sports to dress up my rather dour resume. The friends I had made through those years were mostly like me, children of new immigrants who had little knowledge and little opportunity to succeed because we were often the first one in our family to go to a high school in the US.

It wasn't until I graduated from Law School and was admitted to the Bar in the late '90s that I had a chance to reflect on my odyssey through the U.S. public school system and what a miracle it was that I could get into a great university like UCLA and then somehow made it through law school and got admitted as an attorney. I often wonder about all the immigrant family friends that accompanied me through schooling and were grinded up in the process. I often wonder whether I was able to advance because of diligence or just unadulterated blind luck.

It was with these experiences and background that I came to read Chieh Hsu's new book. It portrayed a life that seemed so distant in the past yet seemed so unnervingly fresh and raw in my memory. For me, high school was still that proverbial "jungle" where lunchtime or the library was so intimate yet so full of loneliness at times. It was a time of growing pain and fun remembrances with teachers and friends who were so genuine and memories that I will cherish for the rest of my life.

Each person goes through high school with his or her own trepidations and shortcomings; however, it is always an unique individual experience apart from any other person. For immigrants' sons or daughters, the experience is all the more daunting because of the cultural and sometimes emotional disconnect that our own parents never got to experience and could not be that academic or even emotional beacon of guidance we often needed. However, our stories are often the stories of future American leaders and elites because the adversities we faced as teenagers transform our thinking and make us realize that there is nothing that we can not overcome if we work hard and study hard.

I hope you will enjoy Chieh Hsu's new book as much as I have in taking a time capsule to go back to those awkward and sometimes scary high school years. Especially in the vivid characters that Chieh describes in such vivacious detail, it illustrates the learning and maturing process of a young immigrant. The book provides a unique insight into how a young immigrant and his family deal with an unknown education system, through its ups and downs, and how to navigate successfully through it. It stands out for its focus on the junior and senior year of high school and gives a lot of practical pointers to similarly situated students looking to find some guidance in how to deal with the American education system.

推薦序

到不了的地方，用書開拓視野

陳凱萍（基督教協同高級中學教師）

「老師，我要出書了，想要請您幫我寫序。」

哇！酷耶！那個國中時期皮皮的、屁屁的、痞痞的許捷會寫出怎樣的書來呢？坦白說看到書名《美國高中生存指南》閃過腦海中的想法如下：這麼臭屁，美國高中生活指南耶！該不會是在炫富啊？已近不惑之年的老師應該很難從中得到共鳴吧！……諸如此類的念頭從腦海中飛閃而過。

真誠是他很棒的特質，如此有誠意的邀請，那就翻開吧！看看這孩子寫了些甚麼。

相信我，一翻開就會停不下來。

許捷用時間軸記敘的方式，帶領讀者從字裡行間參與他過去兩年在美國的年歲記實，那個稚嫩青澀的孩子，在置身異國文化中成長蛻變的歷程。

不是每一個踏上美國領土，經過重重的機場安檢，就可以從此過著幸福快樂的美國生活，擁抱美國夢。不是這樣的！你將會在這本書裡，看到他初來乍到的孤單徬徨、每天鼓起的每一份勇氣、積極參與社團校隊所踏出的每一步、過程中所經歷的挫折、以及在挫折後的自省與蛻變。

種族文化的調和與碰撞、社團活動怎麼玩、如何結交朋友、如何與友朋深交、進擊的語言課程是要從基礎的文法開始磨、從A到A＋的撇步……等。在這本書中可窺知美國高中生活的一二，他所分享的你也有可能會遇到；遇到了該怎麼辦？

作為一個教育工作者，從他所分享的美國高中校園生活，每個發生在他身上的故事，促使我去反思當今台灣的教育生態，尤其在面對一〇八課綱的挑戰，又該如何引導台灣的孩子在世界的浪潮中，具備足夠的素養去面對未來的挑戰，新課綱多了「彈性時間」，這也正考驗著台灣學生的自主學習，誠如許捷在美國所接受的鍛鍊一樣；人生是一連串的選擇與承受，選好了，就甘之如飴地受著吧！

當你真心渴望一件事情能達成時，你會展現前所未有的積極，會虛懷若谷、會不恥下問；會為遇到的困難找解決的方法，即使最後失敗了，那又何妨？再者，誰又可以定義所謂的「成功」呢？

錯過了普林斯頓，卻在伊利諾大學香檳分校的捷，會繼續專屬於他的人生篇章；也期待有機會跟台灣的學生分享。

書本很小，但世界很大。到不了的地方，就用書開拓視野吧！

希望你也和我一樣，會喜歡這本真誠之作。

庚子冬月

推薦序

那兩年我們全家在美國

許凱程（爸爸）
陳家欣（媽媽）

二〇一八年夏天，我們計劃全家人一起到美國一年，許捷爸爸到美國馬里蘭州國家衛生研究院進行醫學相關研究，兩個孩子進入美國公立中學讀書，因為英文程度普通，與母語人士還有一段差距，我們告訴孩子就以體驗當地生活為目標就好，希望他們倆不要有壓力的快樂學習。許捷媽媽也到社區大學進修英文，全家人一起在異鄉努力求學的感覺非常美好。

我們居住的城市貝塞斯達鎮（Bethesda），距離美國首府華盛頓特區只有三十分鐘的車程，是非常國際化的城市，走在路上常可聽到各國語言，孩子在學校的同學們也是來自世界各地，在這個環境中自然而然開拓了我們的國際觀，看到美國新聞中各種事件，就在我們眼前發生，更能感受到國際的脈動。

當時許捷一到美國馬上銜接課業與壓力最重的十一年級，學業上美國當地十一年級學生都在努力修習困難的大學進階課程（AP）、參加大學入學考試（ACT／SAT），準備申請大學。與此同時，還要參加各種課外活動及社團以充實自我、撰寫大學自傳。沒想到的是，美國相對多元的學習以及人文環境讓許捷深受吸引，自由的選課模式也激發了他自我學習的動機。一個學期不到，他開心地對我們道謝，感謝我們讓他有機會到美國上學，說這是他人生中最快樂的學習時光！有了強烈的學習動機，許捷的各項成績表現突飛猛進，社團與人際關係也相當融入當地，和其他優秀學子並駕齊驅。

看到他在這個環境裡如此努力與快樂，我們決定全家人多留一年，陪伴他完成高中學業並申請美國大學。在這本書裡許捷真誠且毫無保留地分享他這兩年的學習經驗，包括各種申請美國大學的必要知識，相信一定可以讓有興趣的學生及家長們，對美國高中教育和申請美國大學，有更進一步的了解。

作者序

嗨！我的名字是許捷，在嘉義縣長大，國、高中時就讀基督教協同高級中學。在高一升高二的暑假，隨家人到美國馬里蘭州貝塞斯達鎮華特強森高中（Walter Johnson High School, WJHS，暱稱ＷＪ）讀書兩年，現在已經畢業，在伊利諾大學香檳分校（University of Illinois Urbana-Champaign, UIUC）雙主修物理和國際關係。

本書記載我在ＷＪ就讀時遇到的大小事，希望可以幫助正要出國讀書、或是純粹想了解美國的你，對美國高中文化有進一步的認識。

許捷

本書以時間順序列出我在美國就讀高中兩年期間遇到的各種事件，以及我在其背後的感觸、省思、成長，希望讀者可以以一位新移民的角度一窺美國高中生活。書中涉及國際交友、種族歧視、時間安排、考試準備、大學申請、找工作、撰寫履歷等等美國高中生在日常生活中要面臨的許多難題，還有我身為國際學生要面臨的語言隔閡、文化衝擊、以及在美國成長後回台的省思。

我在去ＷＪ之前，都是在台灣的教育體系下學習，因此到美國後花了許多功夫才克服溝通上的障礙和文化上的隔閡。誠如書名《美國高中生存指南》所提示，希望可以透過我的經驗分享，幫助其他台灣留學生適應國外環境、融入當地生活。

人物介紹

因為本書內出現的人物眾多，以下把出現過的所有角色羅列出來，包含名字、種族，還有與本書作者的關係，按照在本書中的出現順序排列。

Sol：墨西哥／美國　白人

作者剛到美國時認識的第一個同學，從第一學期開學以來一直是作者身邊的朋友、午餐吃飯的同伴，同時也是把作者招攬進入 SciOly 的人。

Daniel：玻利維亞／美國　梅斯蒂索人

第一學期開學以來就是作者午餐吃飯聊天的同伴，跟作者在十一年級下學期一起參觀航太博物館後漸漸成為最要好的朋友，曾經跟作者兩人一起遊紐約市，是作者在十一年級暑假期間科學計畫 Orpheus 的一員，也是 SciOly 的一員。

Tafari：伊索比亞／美國　黑人

第一學期開學以來就是作者午餐吃飯聊天的同伴，是作者在十一年級暑假期間科學計畫 Orpheus 的一大功臣，也是 SciOly 的一員。

Hai：美國　華人

第一學期開學以來就是作者午餐吃飯聊天的同伴，也是 SciOly 的一員，作者曾詢問他對於種族歧視的經驗，他回答 WJ SciOly 內沒有種族歧視。

Kelvin：美國　白人

第一學期開學以來就是作者午餐吃飯聊天的同伴，十二年級成為 SciOly 會長，是作者在十一年級暑假期間科學計畫 Orpheus 的一員。

Mr. Munn：美國　黑人

作者的學務顧問。

Lewis：美國　白人

越野隊隊長、數學隊隊員、Abby的男朋友。

Abby：美國　白人

Lewis的女朋友、WJ長距離跑步最被看好的人物。

Mr. Fletcher：美國　白人

作者AP宏觀經濟學的老師，十一年級下學期時常與作者討論時事。

Eboue：比利時／象牙海岸／剛果民主共和國／美國　黑人

作者十一年級暑假的好玩伴，協助開拓作者對社會運動的興趣，Catherine的男朋友。

Ms. Naor：美國　白人

作者寫大學文章初期的寫作家教老師。

Noam：以色列／巴西／美國　白人

作者在暑假某天遇見的朋友，後來與作者在返校日舞會碰巧見面，Tamar 的哥哥。

Tamar：以色列／巴西／美國　白人

作者在暑假某天遇見的玩伴，Noam 的妹妹。

Efraín：祕魯／美國　白人

作者在暑假某天遇見的玩伴。

Sadoun：摩洛哥／美國　白人

作者在暑假某天遇見的玩伴。

Rachel：美國　白人

作者在白宮前廣場參加艾爾帕索市槍擊案守夜會時遇到的同齡演講者。

Owen：美國　白人

數學隊隊長、作者的親近好友，曾屢次和作者旅遊華盛頓特區，年僅十年級即自主學習線性代數、拓樸結構等高等數學。

Mr. Kim：韓國／美國　朝鮮人

作者AP微積分BC的老師，雖然出了名的嚴苛，教學能力卻是一流的。

Mr. Rochlin：美國　白人

作者AP物理C的老師，個人魅力極佳，曾推薦作者申請現在就讀的大學。

James：韓國／美國　白人、朝鮮人

作者AP微積分BC的同學、數學隊副隊長、學生幹部成員，曾陪同作者參加一連串「為癌症病患募款」系列活動。

Cairo：摩洛哥／美國　阿拉伯人

越野隊高級分部成員、作者AP微積分BC的同學，時常把Mr. Kim惹得不耐煩，不過如此反而使上課變得十分有趣。

Rina：美國　白人

作者AP英文結構的搭檔，曾幫助作者修改大學申請文章，也是作者在WJ報社時的編輯。

Catherine：法國　白人

作者的社會運動同伴，曾經教導作者如何跳舞，並多次邀請作者參加派對，Eboue的女朋友。

Alfred：美國　白人

作者AP物理C的同學、早上第一節課前聊天的同伴，是作者的好朋友。

Nhi：越南　京族人

作者在十一年級時ESOL進階溝通和十二年級時AP微積分BC的同學、是ESOL學生會會長、也是作者的好朋友。

Ms. Martin：美國　白人

作者在補習班工作時的老闆。

目次

第二章

第一章

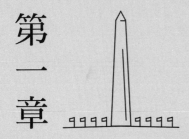

1 初來乍到

二〇一八年年初，我爸拿到美國國家衛生院的訪問學者聘書，一家人在數次家庭會議後決定前往美國居住一年。

七月十日，我們全家乘坐從桃園機場起飛、東京成田機場轉機、航程超過十八小時的班機抵達波士頓羅根機場。在日本時，我們的原班機由於機械故障，起飛後兩個小時即原路折返，我們也就錯過了本來預定要在波士頓搭上的國內線班機。本來預計在貝塞斯達入住、慰勞我們舟車勞頓的旅館訂房也就泡湯了。

凌晨兩點，我們全家拖著大大小小十幾件行李在羅根機場外面徘徊，尋找通往當地旅館的交通工具，十分狼狽。

● 慢慢有了家的感覺

稍息片刻後，我們回到波士頓羅根機場，坐上前往維吉尼亞州甘迺迪機場的班機，上飛機前爸媽看起來壓力很大，只希望在抵達後能夠好好睡上一覺。

由於我們的目的地離美國首府華盛頓特區（Washington, District of Columbia，簡稱D. C.）很近，我在來美國之前有詳細讀過幾本相關的旅遊指南，因此飛機飛過特區時，我一眼就認出了國會大廈，也就是美國參、眾議院開會的場所。該象牙白的建築物把特區分成東、南、西、北四塊，最頂端豎立的是一尊將近六公尺高的自由雕像（Statue of Freedom），俯瞰著國家廣場上的眾多博物館。

經過幾個禮拜尋找家具、辦理手機門號、買車等手續，我們事先找好的公寓終於慢慢有了家的感覺。

距離開學還有三個禮拜，我因為這個暑假讀了中文版的霍金傳記《時空旅行的夢想家：史蒂芬．霍金》（Stephen Hawking: His Life and Work），產生了想當物理學家的憧憬，決定到「可汗學院」（Khan Academy）網站上學習一些物理相關課程。

可汗學院是一個免費的學習網站，配合美國高中、國中、小學課綱教導學生各種科目的相關知識。看著該網站上教導物理的影片，我能夠一邊學物理、一邊學英文。過程中，我把每個生字都記錄下來，用線上字典的發音功能練習發音，比起單看音標學習發音有效許多。

除此之外，我也到當地圖書館借了一本物理書《茶杯裏的風暴：丟掉公式，從一杯茶開始看見科學的巧妙與奧秘》（Storm in a Teacup: The Physics of Everyday Life），花了兩週才讀完，書中講述日常生活中常遇到的物理現象，是我第一本自動自發閱讀的英文書。

發憤努力學好英文

在台灣，英文是我頗拿手的科目，月考常考九十六分以上，跟學校的美國籍老師談話時也自以為講得來，不知道是人家放慢講話速度、又只用簡單的單字，我才會有這樣的錯覺。自以為是的我，原本以為到美國去鐵定一帆風順，溝通不會有問題，結果竟然連捷運上的標誌也讀不懂！

入學前，國際學生事務部依照我的英文程度，把我分級上 English for Speakers of other Languages（ESOL，語言課程）第四級的課程；該課程全部總共有五級，第五級程度最高。這使原先以為可以直接和美國人一起上一般英語課的我認清現實，發憤要努力學好英文。

貝塞斯達因為靠近美國首都，是各國研究學者攜家帶眷前來居住的地方，居民國籍、種族十分多元。在台灣時住在鄉下的我，花了好幾個月的時間才慢慢習慣，還曾幻想每個人都有可能是種族歧視份子，常常用懷疑的眼光打量路旁的行人。不過一年後的暑假回嘉義時，反而不習慣看不到許多其他種族的人呢！

2 學年開始

美國高中有四個年級，最低年級是九年級，對應台灣的國三，最高年級是十二年級，對應台灣的高三。我是升高二的暑假去美國的，所以理應被編排為十一年級，不過我們花了點時間才完成高中學分轉換的手續，因此剛開學幾週我曾短暫地當過十年級生。

許多高中到美國唸書的台灣學生會選擇少繳交一年的成績單，如此可以往下降一級，給自己多一年的時間適應語言和環境。不過因為我們家初去美國時，只有待一年的打算，因此沒有考慮這麼做。

● GPA與WGPA

跟台灣高中很不一樣的是，每年美國高中生會跟學務顧問設定接下來整個學年要上的課，每個人都有自己的行程，每節課到處跑班，所以有機會認識更多的人。但是由於同學之間都只有點頭之交，對於轉學生來說，一開始要找到朋友也相對困難。一學年普遍分成兩個學期（因為美國超級大，凡事一定有例外，所以還是說「普遍」比較保險），大部分的課程橫跨整個學年，有些課則是只有一個學期。

開學前幾天，我與我的學務顧問見面，很興奮地選了幾堂看起來很有趣的課，包含心理學、工程學、物理1、還有天文學。這些課程都有分等級，一般分為Regular（普通），Honors（榮譽），International Baccalaureate（IB），和Advanced Placement（AP）。

在計算平均成績（grade point average, GPA）時，A是四分，B是三分，C是兩分，D是一分，F是零分。不過，榮譽、IB、AP難度的課程在計算加成後平均成績（weighted grade point average, WGPA）時，比一般的課程自動添加整整一分。

舉例來說，一個AP心理學的A會被記做五分，B是四分等等。申請大學時，大學會參考兩種平均成績，不過對於國際轉學生或是在台灣申請美國大學的朋友們，最好還是在補充資訊的欄位說明，由於台灣沒有計算WGPA，所以GPA比較能夠反映自己的學習表現。

●先了解課程難易度，再選課

IB和AP是由私人公司研發、提供的課程，全美都照一樣的課綱上課。每年五月有一次需要繳費的大考，如果考得好，憑成績可以在大學入學時兌換成大學學分。這個考試跟學校的選課是分開的，就算沒有在學校上過相關的課程也還是可以考。

我在選課時犯了一個錯誤，就是沒有先研究好這些課程的實際難度。學務顧問看我剛來到美國、也被編排在ESOL4裡，就勸我不要選修AP心理學，叫我改修性質類似的榮譽社會學。

我後來才知道每個AP課程的難易度不盡相同，有些課程比其他的簡單，像AP心理學就是一門比較簡單的課。本書最後附錄有我對各AP課蒐集到的資訊和看法。

因為我對物理很有興趣，我選修了天文學、物理，還有工程學。另外加上我在台灣時看了幾本社會、心理學的書，所以也選修了社會學。那天踏出顧問辦公室，手上的課表是：AP物理1、榮譽社會學、榮譽工程學、榮譽政府架構（必修）、榮譽準微積分、普通天文學、還有普通ESOL4。

● 社團大展頭昏眼花

開學前另一件重要的事是參加社團大展。WJ人數總共兩千六百人，有一百多個社團，包含數理、人文、還有許多學生互助團體，而且每個人能夠參加的社團數量沒有上限。

社團大展當天，幾十個社團在學校前的停車場擺攤招攬新生，好不壯觀。我去了好幾個攤子聽各個社團的人解釋他們的性質和任務，聽得頭昏眼花。不過還是記得在表格上留下自己的電子郵件，以便他們之後寄發活動訊息給我。

轉眼間幾個小時過去了，我因為從來沒有講過這麼多的英文感到非常疲倦。這時我們看到一家販賣印有學校吉祥物野貓圖樣衣服的攤販，走過去一探究竟。

我媽直接問：「請問制服怎麼賣？」

顧攤的家長回答：「哈哈，學校是不用穿制服的！會買這些衣服的人是為了展現以學校為榮的精神才穿的。」

我後來才了解，這種自由發展、不強迫培養的歸屬感，正是美國人以國家為榮的基礎。

學期第一天早上，爸媽堅持要拍下我和妹妹上校車的樣子，他們要目送我們展開美國學生生活。人生的嶄新篇章就這麼揭開了序幕。

在ＷＪ，一天總共有七堂課，早上四堂、下午三堂，加上五十分鐘午休時間，早上七點坐校車上學，下午兩點半就放學了。放學之後，很多人有運動校隊或是社團要參加，有時候會到五、六點才回家。

●找不到教室、沒認識的人，壓力超大

早上一個班一個班的跑，由於學校是全面對外密閉（冬天很冷，這樣暖氣才不會跑出去）走廊上窗戶又少，很難幫自己定位。下課只有六分鐘，走廊上超級擠，我手上拿著一張學校地圖找不到教室、又沒有認識的人，感覺壓力超大，好幾次差點陷入恐慌。不過幸好每個老師都站在教室外的走廊上幫同學指路，替我們新生們減輕了不少負擔。

每堂課中，老師們講解本學期的學習目標，接下來就放同學自己聊天。在英文中稱呼老師是講 Mr./Ms./Mrs. 加上姓，如果老師叫做 Mike Wolf 學生就會叫他 Mr. Wolf；如果老師叫做 Jacqueline Wolf 學生就會叫她 Ms. Wolf。雖然傳統上有 Ms.（Miss，未婚）和 Mrs.（Misses，已婚）的區分，愈來愈多已婚女性老師不想受傳統影響改變稱謂，就會堅持大家用 Ms. 稱呼她們。

剛剛轉到學校的我不認識任何人，不知道要跟別人講什麼，加上很多教室都收不

到網路訊號，只能坐在一旁發呆。好不容易等到午餐時間，也不知道能跟誰坐，只好自己一個人坐在圖書館前的椅子上滑手機。後來我才知道很多ＥＳＯＬ同學剛來美國時有這方面的問題，所以會聚集在ＥＳＯＬ教室裡吃飯聊天。

● 同學來自世界各地

放學回家後我跟爸媽抱怨都沒有認識的人，感覺挺沮喪的。好運來得快，第二天天文學課換座位時與一位叫做 Sol 的同學同桌。我認出他在社團展時跟我解說過一個叫做科學奧林匹亞（Science Olympiad，又稱 SciOly）的社團，很高興地與他攀談，才得知他這學期選修了好幾個ＡＰ，天文學只是一門拿來放鬆的課而已。我跟 Sol 說我暑假剛從台灣來，他竟然說我英文不錯！感動！幾天後我鼓起勇氣問他中午吃飯時都坐哪？他竟然大方的邀請我去跟他的朋友坐，結束了我在圖書館前獨自看手機的日子。

開學第四天，我去跟 Sol 和他的朋友吃午餐。大家做過自我介紹之後，我才知道原來他們是從世界各地來的！當中有玻利維亞人 Daniel、衣索比亞人 Tafari、中國人 Hai、還有美國白人 Kelvin。我當時不知道玻國和衣國的確切地理位置，一時反應不過來，他們竟然打開 Google 地圖幫我上了一堂地理課！這些人全都是 SciOly 的成員，我很快決定要加入這個社團。

● 參加校隊，很重要的經驗

依據我之後的經驗，剛轉來的學生最好可以在學期開始前，上學校網站尋找運動校隊的資訊，找一個來參加。參加校隊是美國高中生活很重要的一個部分，很多學業成績很好的人也都會參加。加入校隊能夠學會時間管理，也可以快速拓展人際網路。校隊普遍分成三個賽季，每個賽季各有不同的運動，而這些運動項目通常一年也只在該賽季出現。舉例來說，美式足球是秋季運動、籃球是冬季運動、長曲棍球（lacrosse）則是春季運動。

通常每個校隊都有一定的門檻，要通過甄試才能參加。多數校隊又有 Junior

Varsity（JV，普通分部）和 Varsity（高級分部）的區別，不過在比較競爭的校隊中，兩個分部都是很強的。我直到十二年級時才參加 cross country（越野賽跑校隊），該校隊因為人數眾多，讓我認識了不少人。

剛開學時，大家流行 homie handshake（老鄉握手），就是兩個人把手掌張開，用手心碰對方的手腕，把手拉回來時手指彎起來，兩隻手互相扣住時往下甩再分開。學期剛開始時，大家比較有心拓展交友圈，在走廊上很多沒講過幾句話的人會找我做 homie handshake。當時覺得真好，心想怎麼大家都那麼友善。不過大概兩個禮拜後大家就不再這麼做了。

AP 物理 1 上了幾天，我發現上課內容其實跟在台灣物理課學得差不多，覺得如果繼續待下去的話是浪費時間，所以辦理手續把物理 1 換成合唱團。WJ 還有提供 AP 物理 C，不過這堂課要求我同時有在上微積分的課，所以我目前還不能選修。以前我在台灣曾經參加過合唱團，但我從來沒有想過合唱團可以當作一堂課，以為只是興趣，玩玩而已。在 WJ，他們竟然有一整個音樂部門，除了各式樂器、樂團外，還有四堂合唱團課。成員每天花一堂課時間唱歌，喜歡的話可以從九年級一直唱到畢業！

●放鬆玩《英雄聯盟》

第一個禮拜感覺很漫長，每天聽英文聽到很累，一回家就倒頭補眠，爬起來後還要讀社會學的講義。社會學沒有每天一定要完成的功課進度，不過每兩、三個禮拜考試，範圍是大約五十頁的講義內容。這樣算起來，每天只要讀兩、三頁即可，應該很輕鬆吧？不盡然，每頁至少有五個看不懂的字，一個一個查，三頁加起來光查生字就要超過半小時，更何況讀的速度慢，還要做筆記，這整個過程就要花上一個多小時。不過後來英文能夠愈讀愈快，這些講義也算是立了大功啦。

星期五晚上回到家，終於可以擺脫緊繃的心情、休息上兩天了。回到家、沖過澡後迫不及待地開始玩《英雄聯盟》！真好，在虛擬世界中不會有人際關係的壓力，語言不會有隔閡，也不需要做會真實影響到自己的決定。五個小時一下就過了，感覺真是放鬆。

● 參加全國性競賽組織：SciOly

SciOly是一個全國性競賽組織，幾乎每個學校都有一個相關社團。今年WJ SciOly有七十幾個成員，每位成員要從二十多個競賽項目中選出自己比較喜歡的三個參加。這些競賽分成學習、手作和實驗三種。當時我也沒多想，選了由Kelvin帶領的天文學、由Sol帶領的密碼學、還有由韓裔社長親自帶領的地球科學。由於這三個都屬於學習類型，需要尋找許多資料、背下許多知識，之後弄得有點失去興趣。建議如果要參加SciOly，可以從各種類型的活動各選一個，再看看自己對哪個類型比較感興趣。

開學後第二個禮拜，Sol跟密碼學小組的十位成員宣布每週六下午去他家開會。我對此有點驚訝，除了我之外，小組裡其他人都沒跟他講過幾句話，一下就要邀請全部人去他家會不會不妥？他跟我解釋，他從國中開始，參加SciOly已經好幾年了，雖然不是每個人都認識，團體的素質可是很高的，安啦！雖然我有點半信半疑，既然週末也沒有其他事好做，就答應赴會了。

星期六我爸載我到 Sol 家，看到 Sol 住的社區裡房子都超大，社區還有游泳池、健身中心、室外運動場、足球場、籃球場、延伸到樹林裡的慢跑跑道、教堂等等，我跟我爸真是大開眼界。重點是他們的房子不會浮華不實，只用簡單的棕色系油漆、綠色草坪，還有秋季的陽光作為裝飾。Sol 幫我開門後，我發現一半的成員早就到了，來自各國的移民在一張大桌前放鬆聊天，感覺有點奇怪，每個人的臉上卻都露出自在的神情。

會議結束後，Sol 問我跟中國人 Hai 要不要留下來玩桌遊。我取得我爸同意之後爽快答應了，畢竟想多認識一下這些中午同桌的朋友嘛。五分鐘之後，住在附近的玻利維亞人 Daniel 也過來加入了我們。一行人來到 Sol 家的地下室，我又是感到驚訝。整個地下室分成車庫、遊戲間、客房，每個房間也都超大！遊戲間最醒目的是一面八十吋的螢幕，面對著一排擺成 U 字型的沙發，窗戶旁還有兩把西洋劍作為裝飾。

接下來幾週，我們三個每週六下午開完會後，就在 Sol 的地下室集合玩桌遊、打電動，有時 Sol 的其他朋友會來加入我們，使我很快認識了更多人。

●「玻利維亞和衣索比亞，哪國比較危險？」

某天午餐時間，Daniel和Tafari開始辯論起來，題目是「玻利維亞和衣索比亞哪個國家比較危險？」原本一開始只是開玩笑講講，後來兩人認真拿起手機查詢各式資料：GDP、人均收入、美國商務部旅遊指南、兩國犯罪率報告等等。他們倆溝通時轉換主題的速度之快，我很想請他們重複幾次。辯論中他們使用了許多在AP政府和AP經濟學學到的用語，讓整串對話充滿意涵。我在一旁看得目瞪口呆，Sol、Hai、跟Kelvin卻只是在一旁若無其事的啜飲著汽水，好像這類對話時常發生一樣。我從那時起對這群朋友更加刮目相看，因為他們除了理科成績很好之外，對人文、政治也是瞭若指掌。

●捐血、社團訓練、工程學

在WJ，某節課要請事假的話需要找當節課的老師簽名，如果整天都不在的話就需要全部七位老師的簽名。學校剛開學一個月多，我就請七位老師簽事假單簽過好幾次了，其中的理由包括捐血、社團訓練、工程學課校外教學。

十月時，一個專門協助捐血的團體來我們學校，把小體育館變成了慈善場所，到處都擺滿了躺椅和抽血機。我捐出人生第一袋紅血球，抽血機從右手把全血抽出，離心機把血漿和紅血球分離後從左手把血漿打回身體裡，感覺很像身體的一部份和外在環境做了結合，是一次奇妙的體驗。

SciOly之外，我找到另一個叫做Sources of Strength（簡稱SOS）的社團加入，其目的是提倡學生的心理健康。因為我曾在國三時沉迷電動遊戲無法自拔，有第一手的體驗，所以決定加入這個社團幫助其他同學。SOS第一次開會是在小體育館，一整天大家玩破冰遊戲和小組活動，也圍成圓圈講述自己希望看到學校做的改變。

我說ESOL學生因為語言隔閡很容易自成一群，對申請大學與選課等等事宜缺乏經驗與自信，如果SOS可以協助他們與其他同學建立往來，可以造福許多人。

工程學課整個學年最大的目標，就是要用程式製作一艘理論上能夠航行又舒適的帆船，所以也被暱稱為船課。拋下對帆船的刻板印象，我們做的並不是那種十六世紀的木製大帆船，而是船身全白，上面只能載十個人以內的小船。課程的老師Mr. Donald曾經在美國空軍服役，做的是航空器工程，同時對製作帆船也有豐富的經驗。

經過幾週的課程，Mr. Donald對全班介紹完所有帆船的類型和結構後，全班在十月初前往馬里蘭首府安納波利斯，參加正在舉辦的帆船展。

帆船展裡大約有五百艘船，各種類型、大小、功能、配備應有盡有，使得當時已經被洗腦、成為帆船迷的學生們看得目不轉睛。不過，因為船課上課嚴肅，我在班上沒有和別人聊天的機會，也就沒有交到任何朋友，只能孤零零的在現場遊走、拍照、作筆記。

四周有些帆船看起來比飯店大廳還要豪華，想像有錢人在這些流動宮殿上享樂，使我暗自感嘆資本主義帶來的貧富差距。華麗的帆船和一望無際的水平線使我著迷，一天的時間像海風一般，轉眼就吹拂過了身邊。

3 陷入困境

我很快的發現，雖然 Mr. Donald 經驗豐富，不過他不是一位友善的老師。

有次我因為聯合國兒童基金會社團活動，向同學和老師募款。我把一個紙製的小零錢箱掛在褲子上，許多我遇見的人都捐出了口袋裡的零錢。這邊一塊、那邊兩塊，一天結束後我的零錢箱就滿滿的，還跟社團要了第二個箱子。

雖然我的募款還算成功，我還是不會期待每個人都要捐錢。不過我問 Mr. Donald 要不要捐錢時，他給我的回答是：「不，我不想把我的錢給某個不認識的小孩，我自己花都不夠用了呢！」雖然說他絕對沒有捐錢的義務，這樣的回答也挺令人失望的。

過幾天，Mr. Donald 在課堂上問大家相不相信氣候變遷？他說他個人不相信，也曾為了表示他的看法在自己的庭院裡把車子打成空檔、踩油門來製造空氣汙染。我花了幾分鐘才發現他是認真的。

這是甚麼科學老師？我簡直不敢相信自己的耳朵，一直等著他澄清氣候變遷是很重要的議題，我們要多防範……沒有，等不到。

● 不講理的老師

我第一次捐血是在WJ捐的兩袋紅血球，捐完血後就去上工程學課，意識不是很清楚，老師上課的指示也是模模糊糊的聽著。下課前幾分鐘當我把這一節課畫好的圖拿給Donald看，他說我有一部分的圖沒畫到。

我說：「喔，我以為你說只要畫這一部分……」

Donald當下啪的一聲，拍桌子。「我說要畫到哪裡？」對全班大吼。「不准你再質疑我！回去坐下重畫！」他再度當著全班的面對我大吼。

他的舉止出乎我的意料，一切發生得太突然，我根本沒時間反應。疑惑、羞愧、懷疑、憤怒、無力。這些情緒逐漸地湧上心頭，我當時只想找個洞躲起來，不想被同學們看到我赤紅的耳朵。我聽錯指示了嗎？我要怎麼跟他解釋？這些是我起初的想法。不過Donald身為老師，也明明知道我是ESOL學生，英文不好所以有時會聽錯課堂內容。他卻因為這樣的原因把我辱罵一番，不給我解釋的機會。想著想著，一股怒氣油然而生。從剛來美國開始一直擔心的事情好像發生了……我被種族歧視了嗎？

● 我碰上種族歧視了嗎？

回想一下，Donald曾對全班說：「我一點都不在乎你們是從哪個國家來的。」這是否透露了種族歧視的傾向？下午，我迫切的向Sol傾訴我不幸的遭遇和關於種族歧視的疑慮，他問我是否會想向學校投訴？如果有的話，我應該要跟我的學務顧問講才行。

當時國際學生事務處終於處理好我從台灣帶來的成績單了，我在書面上也從十年級變成十一年級（相當於台灣的高二），也就有了新的學務顧問Mr. Munn。沒想到與這位學務顧問討論的第一件事情，就是種族歧視這個敏感議題。我努力地跟他解釋當時的事情經過，不過由於語言的隔閡，有些不清楚的地方還是由他一一追問。最後，他決定親自去跟 Donald 談談，這件事也就告了一段落。

我住的學區裡，一個學年分成兩個學期，每個學期又分為上下兩個四分之一學年（英文是 quarter）。每堂課在每個 quarter 會有自己的成績，兩個 quarters 的成績綜合起來產生一學期的總成績，送給大學的成績單上也只有寫出整學期的成績。

如果某個 quarter 的成績是 B、另一個是 A 的話，綜合起來的成績會是 A。B 加 C 會變成 B，A 加 C 會變成 B，A 跟 D 的話也是 B。

●看不懂題目寫錯答案

我的課表中，最難的是數學課和船課，其他都應付得過來，上課作筆記、做功課、加上考試前做準備就能拿到 A。

雖然對了解上課內容沒有問題，十月多時我的數學成績從 B 變成了 C。我中午開始去找老師，討論後發現了問題：考試時，我因為常看不懂題目會寫錯答案，有些時候寫答案的格式也會搞錯。

經過了數次午休時間的拜訪後，我才了解這些答錯的題目到底是在問甚麼。有次題目在問某件事發生的時間範圍，我卻只給了事情開始發生的時間點。建議成績下滑的話絕對要去找老師，就算只是語言的隔閡造成考試成績低落，老師也會有幫助學生的方法。

剛到美國時，最怕中午沒有人一起吃飯。有時 Sol 他們中午有其他事要做，我有幾次完全找不到他們，自己坐在學生大廳裡感覺真的很差，感覺好像沒有朋友。靈機一動，先往第五節天文學的教室走，就坐在我天文學的位子上度過午餐時間，順便讀社會學課的講義。

幾次過後，教室裡上了年紀的一位老師注意到我中午會自己坐在教室裡，問我是在等人嗎？我跟他解釋因為我剛轉來，朋友又沒出現在午餐吃飯的地方，不知道有那裡可以去。我們自我介紹後發現他人很好，之後幾次午餐找不到人時會去那間教室，偶爾會和他聊天。如此不需要擔心被其他人看到我自己吃飯，也是鬆了一口氣。

後來跟這位老師比較熟之後，他跟我提到他是一位男同性戀，很年輕的時候就發現自己的性向，卻因為美國以前反同性戀的氛圍遲遲不敢出櫃，直到幾年前同性結婚法案通過後才敢公開自己的性向。我們聊了許多他身為男同性戀，對相關法案和現況的看法，使我對這方面長了不少知識，從此也成了LGBTQ＋[註]權益的支持者。

關於Donald，原來只是我片面以為事情告了一段落。船展後的週末，我花了十個小時寫出一份相關的報告，含有圖片和文字解說，總共長達八頁。用電子信箱寄給Donald後的隔天，他跟全班說不要向他確認有沒有收到報告，因為若每個人都問會「花他很多時間」。繳交期限是三個禮拜，所以到第四個禮拜，他才唸出沒有收到報告的名單，竟然

註：LGBTQ＋，是代表各種同志族群的總稱，分別是女同性戀者（Lesbian）、男同性戀者（Gay）、雙性戀者（Bisexual）、跨性別者（Transgender）以及疑惑者（Questioning）或酷兒（Queer），「＋」則是代表支持者們承認更多沒有被羅列在內的性向。

包括我在內。我又寄了一次，不過他表示還是沒有收到那份報告，叫我去圖書館把它印出來。那時，第一個 quarter 快要結束，除了數學的 B，我的成績單上唯一不是 A 的就是船課了。因為少了這份重要的報告，我在該堂課的成績從原本的 B 成了一個 C。如果是 B 的話，憑著下個 quarter 的努力還救得回來，但 C 的話就成不了 A 了。

● 不想改報告的老師

我把報告印出來後交給 Donald，每天上網查看成績。在船課裡沒有朋友，老師極度暴躁、疑似種族歧視，又不給我應當的成績，我每天上船課前一堂課開始壓力就很大，有幾次想找理由不去上船課、想吐。

兩個禮拜後，我花十個小時做的報告還是沒有成績，我只好忍住厭惡的感覺再去問 Donald。

Donald 說：「你的報告還在我的桌上，我想去改的時候就會去改了。」

我回答：「不過上半學期學期就要結束了……」

「所以呢？」

「這樣下去我的成績會是C，而不是B或A。」

「我不在乎，你可以跟大學說明這個C是因為我還沒有改你的報告。但是我現在不想改就是不想改。」

勇敢投訴，尋求協助

離開教室後，我立刻去找學務顧問Mr. Munn，他答應會寫電子郵件跟Donald談談。再過了幾天，眼見上半學期就要結束，我心裡壓力愈來愈大也愈來愈不安。跟爸媽討論後，我們決定寫信跟校長投訴。

原本以為，要管理近三千個學生、數百位老師和員工的校長肯定很忙。沒想到，短短一天內校長就回信說已經有寫信問Donald，我報告的成績也很快會有結果。校長說話算話，上半學期結束前一天報告的成績就出來了：八十五分。就這樣，我在美國第一個上半學期結束了。

這幾個坎坷的禮拜讓我學到，如果在美國遇到不講理的老師，不用畏懼投訴高層。他們的工作包括幫助新生適應環境，所以應該會很樂意幫忙。如果我早點投訴的話，就不會經歷那幾個禮拜的折磨了。沒有人需要經歷那樣的痛苦，尤其是在學校等教育場所，所以遇到困難時不要害怕，勇敢說出來吧！

4 歇後前行

學期中有許多大大小小的假日，上學期最大的假日不外乎就是感恩節和寒假了。感恩節從十一月第三個禮拜四開始放，放到該週末結束。不過許多同學（尤其是社交活躍的美國同學）家裡堅信「work hard, play hard」的道理，所以當週的星期一到三都會請假，把只有四天的假期延長成九天。許多老師們知道學生平時要面對很多壓力源，所以認可這樣子的做法，感恩節當週不出功課、當週上課時也盡量放慢腳步，讓這些同學能夠在放假回來後快速追回進度。一個典型的美國高材生平時除了許多AP課程、還有運動校隊、社交、社團、課外活動等等壓力源，很多事都扛在肩膀上，遇到假期時也應該好好玩樂、放鬆一下，老師們大多數是可以理解的。「假期」前一個禮拜，老師問說有沒有人「知道自己下週會生病」，要請病假？這時候要跟老師表達下週要請假的意願，他才能夠先交代下週會教的內容。如果因為某種原因沒有機會跟老師講，最好還是寫封電子郵件告知老師下週會缺席的狀況；不誠實表達是會被討厭的。

家教堅信出勤率的我在放假當週還是照樣去學校。氣象預報剛好預測當週會下雪，所以雪即成為老師上課和同學午餐時間討論的話題。數學課坐我前面的印度同學 Aayush 給我看了他去年拍攝初雪的影片，頓時讓我內心產生憧憬。

● 第一次看到降雪

感恩節連假第一天，天空果然漸漸灑落雪花，一片一片地打在窗戶玻璃上，各片都有自己的花紋和顏色。有些雪花是六角形，有些長得像大衛之星；茫茫大雪中，每片雪花擁有各自對稱交錯的紋路，卻也能全部融合成一場大雪，就好像美國引以自傲的個人主義一般，每個人有自己的故事，也能組合成一個強盛的國家。

我們一家四口躺在客廳窗戶前的地上往天空眺望，看著雪花過了整個上午。中午吃飯前我打給 Sol，用我還未成熟的英語講述第一次看到降雪的興奮。我問他這個連假要做甚麼？他說有親戚要來他們家待上整個假期，除此之外，他讀大學的姊姊和哥哥都會回家過節，所以家裡會格外熱鬧。

我呢？我媽在鄰近的維吉尼亞州有一位台灣朋友張阿姨，邀請我們家在感恩節當天去她們家吃火雞大餐。

吃大餐時，餐桌上有牛肉捲、蘋果氣泡水、蘇打餅乾、起司片、葡萄、生菜沙拉，還有桌上正中央驕傲的擺著一隻火雞。交談與歡笑聲中，窗戶外的雪花緩緩落下，在學校宛如生死交關的煩惱，感覺起來也沒那麼重要了。

● 用破英文介紹台灣

假期結束後，社會學課老師公布下一個單元是世界上不同的國家文化。並要求我們抽籤選國家。

「有人抽到厄瓜多嗎？」

我當時對世界地理還不是很了解，所以當一個同學問說有沒有人抽到南美的厄瓜多時，我還反應不過來。班上雖然平時不講話，不過討論起來速度如暴風一樣快。

「有人抽到卡達嗎？」（鄰近沙烏地聯和大公國）

「我！不過報告想要做蘇丹。」（鄰近埃及）

老師：「我沒有放蘇丹的籤進去籤筒耶，如果你們有想要的國家可以跟我登記，不能跟別人重複就是了。」

熱絡的討論很快就淡了下來，我則是因為對自己的破英文有點膽怯，最後才發問。

「我可以做台灣的報告嗎？」

除了上課時間外，我在家裡又花了幾個小時做這份報告。老師特別叮嚀報告時不能看著簡報上的字唸，而且是要能流暢的介紹該文化才能拿到Ａ的評分。經過幾次努力的練習後，我上台緩緩地介紹台北１０１和佛光山，主要在強調台灣現代和傳統文化的融合。開學已經幾個月，我對英文的駕馭也比初來乍到時好上很多，現在已經逐漸可以用英文思考。我緩慢的道出一字一句，不時停下來思考要講哪個單字，並常使用美國同學常用的字「like」來填補講話的空檔。同學們感覺興趣缺缺，不過還是有人很大方的一直盯著我的方向看，我就很感激地展開眼神接觸，才不會不知道目光要擺到哪裡。

下台後，感覺臉頰在燃燒。好丟臉，我對我破破的英文有種班門弄斧的感覺，不過事後回想反而有點成就感。我剛剛把我的國家介紹給美國人耶，這是外交官們介紹台灣時的感受嗎？

報告前，因為緊張的關係，我和坐我旁邊的同學開始講起話來。她說她是伊朗人，感覺很活潑開朗。她的簡報內容雖然感覺有點像即興演出，不過又頗生動有趣。我後來發現她是十二年級的財務長，又是學生幹部的一員，是學校的風雲人物之一。

● 學生領袖、幹部與政府

WJ的學生領袖主要分為三種：Leadership（學生幹部）、Student Government Association（SGA，學生政府）、和Class Officers（年級幹部）。

年級幹部和學生政府的成員都是學生投票選出來的，選舉在四月的某星期五一節課內舉辦。選舉前，學校不會幫忙宣傳候選人的名字和政見，所以候選人就要自己想辦法宣傳。由於學生們普遍使用Instagram，這些候選人也喜歡使用該軟體拉攏支持者，也時不時在走廊上發送小禮物。我見過最受歡迎的禮物是黏黏手，平時看似成熟的學生們玩著它玩得不亦樂乎。選上的幹部們對各種學校活動有承辦的義務，他們的車子也是灑滿綠色油漆（WJ的顏色）和貼滿WJ的貼紙。

不同於其他兩者，學生幹部是一堂專門給十二年級生選修的課，想加入的同學要得到兩封老師寫的推薦信，和積極參與學校活動的紀錄才有可能加入。學校活動包括每年三次賽前動員會（pep rally）、賽前動員會當週的變裝周（spirit week）、每年二月一連串為癌症病患募款（Penny 4 Patients）的活動、還有三場舞會：返校日舞會（Homecoming）、輝光舞會（Glo）以及畢業舞會（Prom）。

賽前動員會旨在讓校隊們向全體師生介紹隊員，因為每個運動項目都只持續一個賽季，每逢換季都要重新介紹。賽前動員會都是禮拜五舉辦，當週是變裝周，每天都有一個不同的打扮主題，例如七〇年代穿著、夏威夷風格、嬉皮風格等等，許多老師不只會加入學生進行打扮，還很認真的準備自己的穿著，就連校長也會穿著綠色的洋裝在學校裡走來走去。

動員會當天，上課行程變更為第三節課後多一個四十分鐘的空檔，時間則是從其他節課抽出來的。全體師生在該空檔前往田徑場或是大體育館內參加動員會。現場有各領導性組織的現任成員丟擲沙攤球給觀眾炒熱氣氛，音樂也是青少年私下開派對時耳熟能詳的 Post Malone、Drake、Polo G 等等，開到最大聲，隊伍交替時還有踏步隊（Step Team）、啦啦隊（Cheerleaders）以及繡球隊（Poms）的表演。

踏步隊是一個在美國黑人文化中很具意涵的成分，運用腳踏地板和拍打身體各部位的聲音震撼觀眾、啦啦隊偏向體操表演，常做後空翻、騰空劈腿等動作，繡球隊則運用繡球的擺動和錯位迷惑觀眾。週五最後一堂課，學生幹部會廣播公布各年級一個禮拜以來參加變裝週的表現。大多數在學校裡受歡迎的學生、還有受學生歡迎的老師們，都很認真地參與這個傳統。

為癌症募款與舞會找伴

每年二月的「為癌症病患募款」一連串活動，是由學生幹部的學生自由決定要如何舉辦。各項活動包括籃球鬥牛比賽、嘉年華會、拿刮鬍泡砸老師的活動，以及各式小額收費卻低成本的小遊戲，總共募款到幾萬美金，全部捐給血癌病患。各個活動也會選出一到三個贏家，可以獲得免費輝光舞會入場券一張。

返校日舞會通常在開學後一個月內舉辦，不過整個舞會的氣氛在舞會前幾個禮拜就感覺得到了。大家的話題都是舞伴找誰？有些男生還會做海報來追求心儀的女生作舞伴。

舞會當天，朋友們一起到華盛頓特區欣賞風景，傍晚參加舞會，之後再去參加會後派對是必經行程。我比較沒那麼幸運，因為跟我最要好的朋友 Sol 他們不常參加學校活動，十一年級時沒有體驗到這一塊。

這也反映了國際學生廣交朋友的重要性，因為全年級最受歡迎的人已經有自己的圈子了，要馬上成為他們的朋友是件不容易的事，所以要多認識人才能夠找到適合自己的團體，也能比較快在美國同儕中建立起自己的社交名聲。

● 舞會、舞伴與派對

輝光舞會在二月底舉辦，跟其他舞會比較不一樣，因為不會有人為了追求一位舞伴去這個舞會。為甚麼呢？美國青少年有一個非主流的 make out 文化，就是會在派對上跟陌生人親熱，而輝光舞會表面上就是為了這個目的舉辦的。當然，還是有人為了單純想跟朋友玩耍才去。我的一個朋友 Lewis 跟他長期交往的女朋友 Abby 各自跟他們的朋友去輝光舞會，單純是為了要跟朋友跳舞。在燈光暗淡的體育館內，DJ 放著青少年喜愛的流行歌曲，大家在節奏變重時原地跳著，一邊大喊「耶，耶，耶，耶！」

Prom 在每年五月一號舉辦，限定只有十二年級學生和其舞伴可以參加。舞會三個月前，全十二年級的女生在臉書群組上陸續公告自己中意的穿著，就怕撞衫。我曾在吃飯時間詢問女性朋友們舞會時要穿甚麼裙子？換來的是四十分鐘長、對於「裙子普遍沒有口袋」一事的抱怨。

畢業舞會當天下午，WJ即將畢業的情侶和摯友們前往位在華盛頓特區林肯紀念堂前的倒影池拍照，幫四年來的所有時光畫下句點。晚上舞會結束後，舞者們前往會後派對，從午夜跳到深夜、跳到凌晨、再跳到白天，對於高中時光不再淚如雨下，才心不甘情不願地回家。

5 新年，新的自己！

感恩節假期帶給大家的活力，幾個禮拜過後就明顯地下降。十二年級的學長姐們的眼下，更是抹上了一層深色的黑眼圈，因為再過不久，他們的大學申請就要截止了。

寒假在十二月的第四個禮拜降臨。寒假期間，我開始閱讀一位就讀馬里蘭大學（University of Maryland, UMD）的朋友借給我的經典小說《Fahrenheit 451》（華氏四百五十一度）。書中講述人們用電視娛樂取代看書充實知識，最後政府乾脆禁止人們持有書籍，好管制人們的思想。書中用字遣詞精闢，雖然因為生字多的關係，我需要常查字典，不過讀完有種煥然一新的感覺。

在讀這本書之前，我有時會玩《鬥陣特工》和《薩爾達傳說：荒野之息》兩款遊戲，為的就是想紓解一些心理壓力。讀過《Fahrenheit 451》後，覺得是時候認清現實和虛擬的界線了。學校壓力很大，所以玩樂是必須的，不過玩樂的方法也有優劣之分。和同學出門兜風一小時比玩電動遊戲一個下午還充實許多，有些人跟朋友坐在太陽底下就十分快樂，我需要好好跟這種人學習，調整取樂的方式。

●了解美國大學入學考試

一月一日，我們家開車前往國家港灣兜風。一路上，我用平板電腦在Khan Academy（可汗學院）上展開練習SAT（Scholastic Assessment Test）的奮戰。SAT是美國大學入學考試之一，與另一個考試ACT（American College Testing）都廣泛地被所有美國大學接受，為大學申請的重要一環。

跟學測和指考很不一樣的是，SAT與ACT是由私人公司承辦，並且每年都各有四場考試可以自費報名參加。因為每個人在學校學習的程度不盡相同，它們只有考驗學生在英文、數理方面的基礎認知，所以大多數學生在十一年級，甚至是十年級就會把它考完了。雖然學校有提供考試練習的資源，不過不會主動幫學生準備，畢竟考試內容不會超出一般學生十一年級的選課進度。幸運的是，我身為ESOL學生，在學校內享有延長考試時間，我也可以申請在考這兩個考試時使用。

SAT滿分一千六百分，英文和數學兩大科目各占八百分，英文比ACT的英文難，不過數學範圍只到代數二（Algebra 2）；ACT滿分三十六分，一共分為英文閱讀、英文寫作、數學、和科學這四個單元，其因為數學範圍考到準微積分（PreCalc），還比SAT多了科學閱讀的單元，所以普遍認為比SAT偏向理工，甚至其英文的單元也比較簡單。值得注意的是，由於ACT的作答時間十分緊湊，加上配分方法是以當次考生的答題率計算，所以從台灣來、有接受數學和科學教育的學生們如果又有延長時間的加持，選擇考ACT會是絕佳的安排。

為期十天的寒假結束前，我發現自己蠻想念學校的，也想念和朋友談話、辯論。

上學第一天，我在走廊上遇到與我一起搭乘校車的一位同學，就決定與他寒暄、問他寒假去哪玩？聊過後，我一如往常的走到第一節課的教室拿起一本小說來讀，那時突然想起寒假時想念朋友的感覺，趕快起身去找Sol他們。雖然我從以前就知道他們早上都坐在校園的特定角落，不過因為早上睡意沉沉的、加上中午還會看到他們，不會特別在早上找他們聊天。現在才發覺與朋友哈拉、就算只是坐在一起做自己的事也是一個美國高中生活的經典體驗。從此我每天早上會去找他們，也藉此機會認識一些朋友的朋友、拓展交友圈。

● 換課程、多交朋友

隨著二月的來臨，第一個學期也到了一個尾聲。我們家當時計畫只在美國待一年，所以我決定把一些課換掉，盡量體驗不同的課程。

我很高興終於可以把 Donald 的工程學課換掉，我也決定停修到此之前都蠻好玩的社會學課和天文學課，來學其他同樣有趣的課程。最後決定要學普通 ESOL 進階溝通（ESOL Advanced Communication）、普通哲學、還有我的第一堂 AP，AP 宏觀經濟學（AP Macroeconomics）。這是少數只有一學期長度的 AP 課；多數 AP 都是橫跨上下學期的。

後來才發現，大多數榮譽課程的難度皆屬於一般等級。以三大科學：生物、物理、和化學而言，普通課程（Regular）是給讀書比較慢的同學上的。學務顧問常警告我們說，這些課會因為語言隔閡而格外困難……這種時候，不要畏懼地把榮譽課程看成一般的難度，並選修你有興趣的AP課程吧！

當然學期剛開始的幾個禮拜會有些緊湊，不過上下學期學校會提供大概三個禮拜的時間讓學生轉換課程。所以堅持到最後一天，如果真的負荷不了，連B都很難維持的話，再決定要不要調降難度吧！畢竟AP課程的班級人數很快就額滿了，如果一開始選擇比較簡易的課程，想往上換的時候常常沒有空間可以換。我認識一位中國人，她英文程度差到難以和人溝通，不過她十二年級時在全校最高階的數學課，「榮譽多變數微積分課程」中輕鬆保持頂尖成績，可見語言不是選課最大的取決點（AP難度只到微積分BC，多變數微積分是我們學校老師自己提供的更高階課程）。

● 忍受發燒自學經濟學

第二學期剛開始第一個禮拜，我不幸染上流感，在家裡發高燒四十度，前幾天活動能力只能吃飯、喝水、洗澡、睡覺。

星期五我忍病去第一節課見了AP經濟學老師Mr. Fletcher，拿到三份閱讀題材後先回家了。Mr. Fletcher跟我解釋說，一般上AP宏觀經濟學的同學都有上過上學期的AP微觀經濟學，所以對經濟學的基礎知識有一定的了解，我應該盡快把這些基礎內容自習學起來。

週末我忍著高燒，在書桌前讀講義、做習題、上網做老師指派的題庫，在星期天晚上才終於把交代的作業完成。不過，就如Mr. Fletcher所說，前幾個禮拜熬過去、知道課堂運作的模式後，就能比較輕鬆的保持不錯的成績了。

● 世界大事，就在師生話題中

過年期間，我們家趁特價買了幾顆 Amazon Ehco Dot 圓形互動語音助理，我把一顆放在我的床頭櫃上。一開始我只問它天氣和請它播放音樂，不過後來發現它也可以播報英國廣播公司（British Broadcasting Corporation, BBC）的全球新聞廣播。我從此睡前祈禱過後、躺在床上時會請它播報新聞，有助入眠。有時候我聽一聽就睡著了，就算在播放完五分鐘的新聞後還是睡不著，這時剛好可以順勢了解世界上的大事，算是一舉兩得。

由於 BBC 是英國公司，英國的大事會優先播報，所以當時熱烈討論的英國脫歐話題即成了我每天睡覺前必聽之事。剛好，Mr. Fletcher 也做了一個相關議題的簡報，在上課當作額外話題跟同學解釋英國脫歐的進度，所以我在下課後就走上前去跟他討論此事。因為下課時間短，我們還有很多論點還沒講到，他就提議我隔天上課前再與他繼續討論。

隔天早上我進校門後直接往他的教室走，結果我們除了英國脫歐以外還討論了很多其他話題：像是中美貿易戰、敘利亞難民何去何從等議題。之後的幾個禮拜，我若早上到學校後沒有直接去找 Sol 他們，就是去 Mr. Fletcher 的教室裡討論政治話題、或是在位子上享受片刻寧靜。

6 第二學期

由於我開始常跟朋友還有 Mr. Fletcher 大量討論政治等議題，我的英文瞬間進步了許多，受到鼓勵的我也開始跟校車上的人打好關係。

某天，與我坐同一校車，從象牙海岸來的 Eboue、一個海地人、還有一個韓國人，在大概攝氏十度左右的天氣中，向我提議去買冰淇淋三明治來吃。冬天時我曾多次感冒發燒，但我基於多交朋友的原則上，還是答應他們了。吃完冰後，Eboue 提議我和他去公寓的健身房鍛鍊，要展現他摔角的技巧給我看。一陣摔角練習回家後，爸媽問我脖子怎麼有抓痕，我照鏡子又發現胸口也有刮傷的痕跡。隔天搭校車時 Eboue 跑來找我聊天，我跟他說我的父母對昨天發生的事很生氣，之後的一陣子也不再跟他有接觸了。

● 尋找愛因斯坦的足跡

二月初，SciOly（科學奧林匹亞）的賽季來臨。我們社團把儀器和筆記準備的相當完善，開始磨刀倒數比賽的日子。其中一場比賽是遠赴普林斯頓大學（Princeton University）的邀請賽。我當時對物理很著迷，聽到可以去拜訪物理排名全美第一、又曾有現代物理學之父愛因斯坦長期教書的大學倍感興奮，加緊為 SciOly 努力準備。最後，我很幸運地被選上去普林斯頓的隊伍，當天早上四點在學校集合，幾個小時後抵達普林斯頓坐落的紐澤西州。

到了普林斯頓，古典建築和現代藝術交錯的景色映入眼簾，彷彿可以感覺到愛因斯坦博士穿梭校園的身影。

我與小時候就從中國移民到美國的 Hai 兩人搭檔做天文學活動，在校園漫步之餘，隨口問他在美國長大會不會感覺受到種族歧視？他說有時候隱約會有些感覺，不過在 SciOly 內大家只知道熱愛科學，對種族隔閡沒有成見，我們兩個現任社長中有一個還是韓國人呢！我當時覺得參加 SciOly 真是個明確的決定，成員不但友善，我又能藉比賽到處旅遊。

爸媽因為知道我很喜歡普林斯頓，當天稍晚特地開車前來，全家在比賽完後留宿一晚，讓我隔天能參加在普林斯頓舉辦的學校導覽。導覽由一個學生組織帶領，內容十分充實。隔天晚上回家後，我下定決心要申請這所學校。外面天色昏暗，寒風颼颼，我點亮檯燈，打開ACT的練習題庫就開始寫了起來。

●立定目標，努力準備

WJ有提供一次免費的PSAT、SAT，還有需要付費的SAT和ACT模擬考機會。PSAT是每年只舉辦一次的考試，成績一般不會納入大學申請考量，不過如果考到全州前幾名，州立大學會提供全額獎學金入學的機會。我上學期考PSAT時，在滿分一千五百二十分中得到一千三百一十分，因為其計分方法跟SAT相近（SAT滿分為一千六百分），也可以預測如果我當時直接去考SAT的話，分數也在那附近；普林斯頓的一般錄取分數在一千五百五十左右，所以進步二百五十分是我努力的目標。不過後來發現ACT似乎對我比較有利，就依照普林斯頓的標準往ACT三十四分以上的目標邁進。

WJ提供的SAT和ACT模擬考是從星期六一早考到中午，因為我有延長時間，考試時間是五個小時以上，包含十分鐘休息時間。模擬考的重點是製造一個類似真實考試的環境：時間壓力、其他考生製造的噪音、長時間考試產生的疲倦、飢餓感等都能夠營造出來。

學校有提供一次免費的SAT，當天只有十一年級生需要來學校，考試預定在四月第二個星期二舉辦，並且在三月提供付費的SAT複習課程。我另外報名與學校SAT同一週的ACT，一個禮拜就把他們考完。

● 黑眼圈、紙與筆

一月時，我努力的用可汗學院增強我SAT英文分數；二月，我發現ACT對持有延長時間、又有科學跟數學基礎的我比較有利，因而轉攻ACT；三月，我每天回家寫完功課後，如果沒有SciOly的資料要準備，就會寫一至兩小時的ACT練習，寫完整本Princeton Review（跟普林斯頓大學沒有關聯）的複習題後，再寫Baron's和Kaplan的題目。Princeton Review是用來自習的良好題材，恍如有一位家教老師教導一般，從頭到尾講述標點符號的規則和解題的訣竅等。另外其他兩者則是以提供練習題為主，建議先寫過Princeton Review後，如果覺得需要練習再寫其他題庫。

隨著四月的來臨，我跟朋友聊天時除了SAT就是ACT，感覺世界縮小成一張紙和一支筆了。考試前一週，我雖然晚上十一點就上床躺著，頭腦卻不停運轉，每天要躺上一個小時才能入睡，眼睛旁也裹上一層濃濃黑眼圈，許多老師都勸我不要太晚睡，考試照平常發揮就好了。

考前的週末，因為ACT感覺已經頗有把握了，我決定把時間花在SAT上。SAT的英文閱讀包含十七、十八世紀的英文，所以讀起來不太順暢。網路上有官方提供的八份免費試題，我做過幾次數學的題目後，覺得蠻有自信的，所以轉攻英文的題目。讀著讀著，隨著時間一點一滴地過，我也算是讀出一些興趣來了，感覺古文也挺有趣的。週日晚上，雖然全部免費的題目都已經做過了，我內心還是十分不安。

不安中面對考試

「我這樣的答題率可以嗎？三個月以來的努力，會不會因為表現不好而付之一炬？」這想法在我腦裡迴盪，一直到星期一早上進考場前我才回過神來。

由於我有ESOL的延長時間，我是跟其他ESOL考生一同考SAT，身旁也有很多我從ESOL進階溝通認識的同學。令我驚訝的是，當老師公布說等等要考五個小時，竟然有一位韓國同學大聲抱怨時間太長，好像先前不知道此事一樣！老師再依照考試規定，唸出一套官方撰寫的稿子，其中也包括中途休息時間不能對話、每個單元結束後不能提早交卷等等。

中場休息時，那位韓國同學走過來問我考得如何？了解美國「規定就是規定」原則的我，對他點了個頭就往廁所走了。回到教室前，我發現他在旁邊跟同學聊天，我立刻轉頭就朝教室快步走去。

第二次休息時間，他再度找我攀談：「好難喔，你會嗎？」我跟他點了個頭後把眼光放到窗戶外的操場上。

考數學時，他顯然一下子就寫完了，並走到監考老師面前問能不能交卷。老師一開始說不行，不過五分鐘內又有兩個人問了一樣的問題。老師看大部分的人都寫完了，就問有沒有人想提早交卷？我卻頭也不抬地繼續驗算我的答案。

「我為這個考試準備了好幾個月，我要驗算到最後一刻為止。」我心裡這麼想，不過成了考場唯一的考生後還真有想交卷的衝動。

因為ACT本身沒有SAT這麼多的考生，能使用延長時間的人也偏少，所以離我們最近、有提供此服務的考場遠在維吉尼亞州。我爸星期六一大早就開車送我去考試，當地道路兩旁的樹林茂盛，感覺像尚未開發的地區。到考場後，我發現自己是唯一的華人，其他考生幾乎都是白人，不過也是有幾個印度人。

就是今天了！我告訴自己，昨天在床前禱告時也一直想著這三個月以來寫過的題目，不向神祈禱不屬於自己的成績，只要求把實力展現出來。

考試時，我後面坐了一個俄文口音很重的白人，身材壯碩，像巨人一樣。他習慣抖腳，考試時整個地板一直上下震動。雖然我盡量全神貫注的寫試題，不過感覺時間都不夠用，有好幾題還用猜的。

就連最拿手的數學單元也用了比預期還要多的時間，我心中感到十分不安。中場休息時，我拿出一包綜合堅果，咀嚼著核桃甜而清爽的滋味，暗自祈禱等等寫試題的手感比上半場還好。

● 考完試，深受打擊

中場休息後，我在作答英文寫作和科學閱讀兩個單元的手感有些進步，不過還是有許多不確定的題目，卻也沒時間緊張了，雜亂的思緒在監考老師宣布時間到時瞬間僵住。

考完試後，我們全家去吃披薩慶祝，不過受到打擊的我有點提不起勁來，在吃飯時用手機又報名了下個月的考試。

考完ACT，下一個申請大學重要的步驟是撰寫文章（college essays）。文章的數量和題目會隨每間大學的要求而異，不過因為大多數學校有跟Common Application或是Coalition Application合作，所以放在這兩個平台上的核心文章是我所申請的全部大學都會參考的。

我爸媽想替英文寫作水準不佳的我加把勁，於是幫我找了一位私人家教Ms. Naor來指導我寫作。

第一堂課我一進到Ms. Naor的家門，就被她的花園深深地吸引。太陽下擺著兩張木製躺椅，面對著房子旁的樹木和小庭院，這擺設的風格雖然簡單，卻令人想在其中一張椅子上躺著度過整個下午！不需要電玩的刺激感，只要能在好天氣下和朋友一起在家裡後院看小說、聊天，就是夢寐以求的實在生活了……想著，我覺得就算沒有常春藤的學歷，如果能把握生活中這種樸質的快樂也真是一種幸福。

回家後，我把我在Ms. Naor庭院裡的感觸寫了下來。

● 聆聽深受鼓舞的演講

一個禮拜後，我們全家去附近的一所高中聆聽馬里蘭大學校長陸道遠先生（任職二〇一〇到二〇二〇年六月底，現在已退休）關於「公民參與」的演說。陸道遠先生外表是一般的華人，講英文時也有濃濃的中文口音，不過他小時候在國共內戰時就從上海搬到祕魯，並在當地長大，所以童年時常講西班牙語。大學時期，他到美國的 Grinnell College 就學，從此在美國落地生根。

演說中，他分享了求學階段周轉困難，一年到頭都在工作、只有聖誕節可以休息的困境、還有與家人相隔兩地，不熟悉英文的痛苦。他從最開始只攜帶三百元美金入境美國，到現在擔任美國頂尖公立大學校長的人生歷程，使他成為美國夢最好的詮釋。

陸先生說，他受到美國系統很大的恩惠，當時很多學校為了提升校園種族多元性，使他可以用不是最亮眼的成績進入頂尖學校讀書。

他說：「美國改變了我們移民的生活，現在換我們來改變這個世界上第一個多種族民主國家。」（Being immigrants, America has changed us; now we are changing America, the first multi-ethnic democracy.）他理想中的美國，是一個各種種族都能保持自己文化，並且和平地與其他人相處、互助的社會。

● 多種族的互助與信任

演講最後，他說：「我這個世代的任務是將美國多元化，而你們這個世代的任務則是要確保這個國家的團結。」（My generation's task was helping to diversify this country, now your generation's is to unify this country.）他對美國發展視如己任的想法使我倍受感動。

發問時間，我走到麥克風前提問：「您覺得要如何確保這個國家的團結呢？」

陸先生說：「這需要確保不同團體之間持續溝通。在馬里蘭大學裡，基督徒、穆斯林和猶太人社團，每個禮拜有定期的溝通論壇，這就是個很好的開始。」

我聽了演講後心裡大有感觸，回家後花了一整個下午整理演講時記下的筆記。陸校長談論美國時，富含遠見和理想的眼光，我現在還是歷歷在目。

7 學年尾聲

四月備受矚目的事務，不外乎就是選舉學生會成員和年級幹部了。剛聽完陸校長演講的我，對公民參與躍躍欲試，想說終於可以利用這次投票機會展現我對校內政治的熱忱了！不料，選舉前，候選人的名單根本沒有公布。加上我沒有在使用Instagram，根本不知道誰有要選、政見是甚麼。整個選舉的過程，從播放候選人拉票影片到投票，四十分鐘內就結束了。這些人可是會在接下來一年中代表我們的人耶！怎麼能像這樣草草了事！我心裡這樣想，又看到座位旁的同學們想趕快投票投一投，草草了事，真是讓我心如刀割。

「這些美國人，生在最自由的國家，卻不知道民主的可貴⋯⋯」我心裡這麼想。

放學後，我寫了一封信給管理選舉事務的老師表達我對過程的不滿，並提供改進的方式。她回信說感謝我的來信，也會參考我的想法。

參加普林斯頓大學說明會

為期一週的春假期間，我某天晚上睡前突發奇想，設計了一個可以抵擋電磁波的裝置，未來可以裝在太空船上保護船體。春假結束後，我在學校吃午餐的時候把我的想法告訴SciOly（實不相瞞，我在這之前一直叫它Science Olympiad，現在才知道可以這麼叫）的朋友們，並成功招攬到Kelvin和Daniel，預計暑假時可以開始動工做此研究。我花了一個禮拜的中午時間用手機查詢相關資料、並用鉛筆畫了好幾份草圖，走路常常分心在想此事，有時候朋友在走廊上看到我，會拿手在我面前揮，我才回過神來打招呼。

四月二十五號，我前往華盛頓特區參加一場普林斯頓大學的說明會。因為美國廣大，申請者很難抽身前往每個想申請的大學拜訪，所以大學常常會派出招生人員或是邀請當地校友在全美各地舉辦說明會。

這次活動在D.C.的Marriot Hotel舉辦。櫃台人員一見到我、在我開口之前就問我是不是要去普林斯頓的說明會？是的話下樓右轉左手邊入口入場。

會場是一個大型演講廳，場面壯大，佈滿黑色、橘色布條（學校代表色），還有普林斯頓校徽的錦旗，感覺整個場地已經被普林斯頓納入旗下一般。會場有提供茶水和咖啡，椅子也十分舒適，佈置得很周到。講者是一位普林斯頓的招生人員和四位畢業生。他們雖然都是名校畢業，態度卻十分的親切，講話時也是侃侃而談。我選了第一排的位置，所以一直跟講者有眼神接觸，也在低頭記筆記之餘有意識地抬起頭來保持微笑，結果竟然笑了兩個小時之久！臉部肌肉超酸。

演講內容除了申請條件外，還有這些畢業生在學校時的經驗、學校的友誼性質社團、特殊文化、校友人際網路、暑期實習機會等等，這些都是學校吸引人的地方。

演講後，我去找其中一位正在從事教育行業的畢業生，並向她提起「為台灣而教」，一個由普林斯頓台灣畢業生劉安婷創辦，志願至台灣偏鄉教書的組織。她對此頗感興趣，我家人也來加入討論，一群人聊了一陣子。

臨走前，我去跟一位台下的觀眾交談，發現他SAT接近滿分，果然考到好成績只是申請的基礎門檻而已。

參觀歐洲各國大使館

一個禮拜後，歐洲各國在華盛頓特區的大使館開放大眾參觀，我、Sol、Hai 和 Daniel 一行人便相邀前往。葡萄牙大使館內有發放禮品，有小風扇、束口袋、墨鏡、和葡式蛋塔，我們拿得不亦樂乎。

「別人問我們這週末去哪，我們就說去葡萄牙。」

「技術上來說，你是對的……」

去到盧森堡大使館時，門口的阿姨在教怎麼用當地語言打招呼。牌子上寫的是「Moiën」，我看了一頭霧水，不過會講西班牙語的 Daniel 自告奮勇，講出類似「moyen」的音，還被阿姨誇獎。

雖然 Daniel 來自位於南美的玻利維亞，他因為遺傳到父親的長相，外表看起來完全是一位白人，看不出艾馬拉人母親的血脈。

幾個小時過後，Sol 和 Hai 先行離去，剩下我跟 Daniel 兩人往航太博物館移動。

參觀時，我發現和他還蠻聊得來的，總是會找話題來填補沉默，兩人相談甚歡。幾個小時後我們才從特區坐地鐵回去。地鐵站內部成拱形，空間寬敞，採用黃光照明，維持住微暗的亮度，等起車來很放鬆。

五月三號，我隨合唱團去位在巴爾的摩市的 Morgan State University 演唱。演唱前，一位同學在座椅上哭得淚流滿面的，一問之下，原來是 SAT 成績出來了，ACT 的成績也一併釋出。

對於合唱團朋友們一直鼓吹我去查看成績，我秉持著「這麼重要的事，還是回家自己一個人接收的好」的原則拒絕他們的要求。

回到家，因為覺得我的 ACT 分數肯定不好，就耐著每分鐘兩百下的心跳先行查看 SAT 成績。

……

一千四百九十！

數學八百、英文六百八十！

開始大學申請之路

心中交雜著喜悅和衝動，畢竟不是每個錄取普林斯頓的人都可以得到一千五百五十的成績，所以我的一千四百九十雖然是垂在危險邊緣，還是有機會申請上這間大學的！

想著想著，心中卻又有一個聲音提醒我說這著成績還不配普林斯頓，不要高興得太早。

複雜的情緒下，我登入ACT的頁面，準備好面對我三個月以來的努力，付諸流水的現實。

…………

三十五！

英文閱讀三十四、寫作三十四、數學三十六、科學三十六！

當下真是驚訝到說不出話來，事後查看錄影時，我發現當時是處在一個興奮大吼與高興大笑的狀態，叫了好幾分鐘。

這代表我的大學申請之路已經結束了嗎？正好相反，它才正要開始而已。

五月中，公寓的游泳池開放可以使用，我跟上次摔角太過火的 Eboue 也在合唱團裡慢慢修復感情，決定相約去游泳池曬太陽。來自嘉義的我沒有做日光浴的經驗，畢竟台灣太陽炙烈，加上天氣炎熱，一出門就汗流浹背了，誰還有心情曬日光浴？不過，馬里蘭因為緯度高、天氣乾燥、加上風大，曬太陽成了一項舒適的消遣。沒有經驗的我，還是擔心一次曬太久會曬傷，所以曬了四十分鐘後就先行離去，Eboue 在我離開後，竟然還待了三個小時之久！

一週後，隨著十二年級生即將在五月底結束課程，六月六日會參加畢業典禮正式畢業，學校也先把年冊分發給他們，使他們有優先給朋友簽名的權利。

● 各國語文的年冊簽名

學校有一堂課是專門製作年冊的，因為是學生每天做、做上一整年的成果，所以書籍格外精緻。年冊內包含學校各校隊的專欄、社團合影、重大活動的照片、還有每位同學的照片。因為年冊統括全校的各式事件，所以每個年級都有許多人購買。

閱覽過我的年冊後，我決定把年冊簽名分成兩部分：書末的空間是給朋友用英文留下訊息的，而書前的空間則是讓人以其他語言留言，以豐富它的版面。拿著又大又重的年冊幾天後，我收集到了挪威文、土耳其文、法文、西班牙文、葡萄牙文、伊索比亞文、波斯文等等語言，十分琳瑯滿目。日後有人拜訪我們家，我都會拿這本書出來給客人辨識這些語言，順便炫耀一番。

● 從中文改成用英文思考

跟 Ms. Naor 學習寫作時，她決定從最基礎的詞性結構開始教起，我覺得備受委屈。我想說我的英文已經不錯啦，怎麼會要從這麼基礎的事情教起呢？不過後來發現，她教學的內容不僅有系統，也能確保我英文扎根扎得實實在在的。像是一個句子一定要有一個主詞和一個動詞、要怎樣建造一個副句等等，這些基礎的概念都對我日後完全轉移到用英文思考幫助良多。

從中文轉成用英文思考，最主要的是語感和詞彙量，兩個相輔相乘才能建立起一個思考的架構。

遇到 Ms. Noar 以前，我雖然大量的閱讀，也大量的與朋友溝通，講出來和寫出來的內容卻只限制在簡短的句子，不能完全傳達我真正的想法。

跟 Ms. Naor 學習之後，我才驚覺文法的重要性。少了文法，單字成不了句子，句子成不了章節，章節組合不了文章，也就無法完整傳達我的想法。如果有心練習英文，建議針對自己特別有興趣的議題用英文撰寫幾篇文章，長度大約四百個英文字，含括一個章節的介紹、兩到三個章節的分析、和一個章節的結尾。這麼一來，一方面可以了解自己在這個議題上單字的掌握度，也可以學習用英文思考。

英文的一個特點就是同義字的數量極多。同一個章節中，如果要表達一樣的事物或想法，就需要使用不同的字來表達。例如我如果想描述馬里蘭州的天氣和地形，我就需要使用 Maryland、the state、和 it 等等來描述它，而不能在章節中一直寫

Maryland。無論是名詞、形容詞、還是副詞，寫作時最好不要重複使用同一個字，Ms. Naor 向我推薦 thesaurus.com，是一個方便查詢同意字的利器。

● 學期尾聲

隨著學年尾聲的到來，我開始跟同學相邀在暑假見面並互留聯絡方式。雖然大半數的同學都有用 Instagram，我也在春假期間開始使用這軟體，大家還是偏好互留電話號碼、用簡訊連絡。

學期最後一天，我邀請 Sol 等人來我們公寓游泳池放鬆。我、Sol、Daniel、Tafari、Hai、Kelvin 一行人浩浩蕩蕩的坐上駛往我們公寓的校車。車上坐我身旁的是來自衣索比亞的 Tafari，他是全校公認最聰明的人之一，今年全部課程都是最難的 AP，包括化學、生物、物理三大科學。我跟他講述我在春節期間設計的防電磁波裝置，並詢問他的意見，他竟然快速的舉出了幾篇他平常「無聊看過」的相關論文，並向我解釋讀科學論文是他平時的嗜好。

Tafari推薦researcher-app.com，是一款可以依據興趣偏好，免費閱覽最新科學論文的軟體。驚訝之餘，我問他有沒有興趣加入我的研究團隊？他竟然爽快地答應了！

一行人在鄰近的購物中心Pike & Rose吃午餐後，我們一群阿宅在游泳池旁開始玩起桌遊《Exploding Kittens》。當天因為風大，我們決定坐在太陽底下玩，陽光灑在紙牌上，旁邊還有清澈的游泳池，好不愜意！只是基於某種原因，幾乎每一局都是Daniel贏。

一小時過後，Tafari和Kelvin要先行離去，我也盡主人之責把他們送到公車站前。不料，回到泳池時發現Daniel和Hai裹著浴巾在發抖。一問之下，他們說剛剛趁我不在時跳水被冷到，短期內不想下水了。

8 夏日奇遇

暑假第一個禮拜，我依照放假前與朋友的約定，赴約參與大大小小的聚會。當時朋友們常來公寓游泳池玩，我對泳池邊的環境已經放下戒心，有次還躺在躺椅上睡著了，幸好最近烏雲密布，沒有曬傷。

放假前一週，政府課一位來自墨西哥的女同學在下課後找我攀談，說我上課問的問題都很有趣，有沒有興趣一起去吃個飯？當時身邊的一位朋友一直跟我使眼色，在我耳邊解釋說這是要找我去約會的意思。我想想最近也沒什麼事，就答應了。

赴約當天，我跟這位女同學兩人在公寓樓下見面，走到附近的商場吃飯。她說她媽媽在世界銀行工作，因為覺得我會喜歡，遞給了我一份世界銀行在非洲進行的任務的公開資料，我覺得挺驚訝的，趕快感謝她的好意。

● 學習美國人的處事方式

一個禮拜內，我在游泳池邊招待了很多朋友。當時不曉得這麼做真的是犯了一個錯誤。

因為我跟這些朋友不算超級親密，不能一直連續邀請他們來我們家玩，畢竟每次拜訪總會講上好幾個小時的話，就算一開始講得來，幾次過後總會沒有話講，所以需要給予對方一些時間再約，也是一個冷卻的概念。那如果我一個禮拜內把朋友們全部都見過了，我就有至少一個禮拜以上沒有人可以碰面。這是一個潛規則，也是美國人待人處事的模式。

直到現在，就算我有了更多的朋友可以聊天和碰面，我也不會在短時間內約過全部的人，這麼一來就可以確保自己總是有人可以約，不會無聊。

暑假剛開始的時候，我隨家人到華盛頓特區莎士比亞博物館參觀。我幾個月前在書店發現《No Fear Shakespear》（不再害怕莎士比亞）的系列套書，該系列把艱深的莎翁作品翻譯成白話英文，讓像是外星文的文字變得淺顯易懂，有了白話文的加持，我在研究原文時也能夠稍微了解字裡行間的詩意。

博物館內解說完畢後，解說人員問我：「你對莎翁的作品有甚麼想法呢？」我：「我只讀過《哈姆雷特》還有《馬克白》，因為這兩齣戲都是講謀殺的，我讀的時候感覺心情好陰沉，感覺天都要塌下來了。」

「要不要讀讀看《李爾王》？這是我巒喜歡的一齣戲。」

博物館附近有間二手書店，趁家人去逛農夫市集時，我這個書蟲就在書店裡尋寶，一個多小時後才拎著精挑細選的四本書走了出來。

從那天起，我每天有了固定的行程：吃飯、看書、游泳、曬太陽、健身、跟朋友聊天、睡覺。我因為成了游泳池的常客，也認識了救生員 Ivan。他是一位在斯洛伐克讀大學的烏克蘭學生，會講俄語、英語、烏克蘭語和斯洛伐克文。他跟我解釋，很多東歐人在暑假時會選擇來美國擔任救生員，公司有提供住宿和國際交通的費用，能讓他們以低成本旅行美國。

每天早上十一點，游泳池一開我就跳進水裡，享受陽光灑在背上舒服的感覺，游一陣子就上岸和 Ivan 聊天，非常愜意。

● 旅程開始

某天早上我剛上完一堂家教課，從 Ms. Naor 家回到公寓，中午吃飯時間前去健身房做深蹲，蹲到第三組時，Eboue 與我一位 ESOL 進階溝通的土耳其同學 Ayla 剛好從窗戶外走過。Eboue 看到我後敲健身房的門，我點頭後蹲完剩下了幾下才去開門。

我：「Hey what's up！沒有想到今天會見到你們。」

Eboue：「欸嘿，我剛才在跟 Ayla 說你會在健身房出沒。」轉頭面對 Ayla：「這是捷的棲息地，他基本上住在健身房裡。」

我最近才開始跟 Eboue 一起上健身房，雖然我們剛認識時有些誤會，不過我現在已經了解來自象牙海灘的他，交友模式是非常親密的，有肢體上的接觸在他眼裡是再自然不過的事。

我雖然一開始不是很喜歡他，不過意識到雙方的文化差距後也就比較容易成為朋友了，這也是所謂的不打不相識吧？除此之外，他講話有種魔力，在形容個人經歷時非常生動，讓聽者彷彿身歷其境。他對政治議題極有熱忱，時常引經據典的，也十分有內容和個人看法。周遭的聽眾就算不一定和他想法相同，也會一直示意他繼續講。某次在健身房，我們突然講到非洲的政治，他從歐洲殖民時期講到埃及革命，再講到歐洲列強現今如何干預地區政治，我雖然想繼續練身體，但看他講得充滿熱情，我也只好繼續聆聽，結果比預期晚了一小時才結束運動！

那天我閒得發慌，所以問 Eboue 和 Ayla 等等有甚麼計畫，能不能加入他們？他們說要去散個步，等我練完，半小時後再來找我。到指定時間，我換了衣服和他們會合，一起慢慢走到鄰近的 Cici's 家庭披薩店。這間店是典型的廉價家庭自助餐，門口旁有販售溜溜球的扭蛋機，店內以彩色廉價塑膠椅佈置，店後面還有一些古老的電玩機台。一進門後，服務生依據客人要不要使用飲料吧決定收費，最基礎的自助餐方案只要五美元。餐點有內含兩三種料的披薩、生菜沙拉、布朗尼蛋糕等。有了朋友的陪伴，我在餐廳內吃得不亦樂乎，Eboue 這時也搬出了一個典型的派對話題：

「Ayla，妳不吃鳳梨披薩嗎？」

「我覺得鳳梨加在披薩上很噁耶。」

「甚麼！捷，你可以相信她講的話嗎？」

我搖頭。

● 難能可貴的信任與友情

本來不想吃布朗尼的我，在朋友的鼓吹下也吃了好幾片布朗尼和鳳梨披薩。如果我自己去的話，應該會夾滿整盤的生菜和烤雞肉吧？

吃飽後，我們在Ayla的堅持下走到Pike & Rose商場旁的人工沙灘，她說這沙灘讓她想起她在土耳其的家：一個面對海灘的別墅。

Alya：「捷，你猜土耳其有幾個沙漠？」

「嗯……很多吧？」土耳其不是滿是沙漠，人民騎著駱駝代步嗎？我想著。

Alya：「根本沒有沙漠！一個也沒有。很多人喜歡把中東國家跟沙漠和駱駝聯想在一起，其實這根本不是正確的。」

我羞愧地低下頭，對我的腳趾上的砂礫產生了極大的興趣。

Alya 繼續說：「土耳其是一個很發達的國家，有大眾運輸系統和現代化的思考模式。在美國，我每次和人提及我是一個穆斯林都需要為我的宗教辯護一番，感覺真煩。」

雖然這些都是抱怨的話，不過也代表著 Ayla 對我有一定程度的信任才會向我傾訴她的想法。而我已經理解到，信任是在友情裡難能可貴的成分，因此我仔細地聆聽著，並持續點著頭示意她繼續講。

曬了二十分鐘的太陽後，Alya 因為下午跟家人有約，要先行告辭。我們一行人便陪她坐公車回家。到 Alya 家前的公車站，Eboue 提議要展示一下他拳擊踢腿的技巧，請我拿一支樹枝高舉過頭，他要把樹枝踢斷。

我想：「樹枝哪裡惹到你了？」，但還是半信半疑的把握著樹枝的手往身旁伸長，也是高舉過頭。身高兩百多公分的 Eboue，身材修長，踢起腿來像一隻剪刀在天空中揮，咻的一聲，樹枝就斷了。

Ayla 走後，我和 Eboue 搭乘公車回公寓。Eboue 說他是學生非政府組織 Moco For Change（蒙郡改變協會）的一員，其組織立志將教育推向平等化，現在最大的任務就是要重新規劃校區，把白人跟少數種族的學子平均分散在各個高中。

回到公寓，我邀請 Eboue 來參觀我這一年來看過的書，有幾本關於科學的書籍，像是霍金的《A Brief History of Time》（時間簡史）和《The Universe in a Nutshell》（胡桃裡的宇宙），也有莎士比亞的《Hamlet》（哈姆雷特）和《Macbeth》（馬克白），以及頂頂有名的《Utopia》（烏托邦）、《The Prince》（君主論）、《孫子兵法中英雙語版》、《1984》、《The Great Gatsby》（大亨小傳）等等。

介紹完我的藏書後，我問他要不要去游泳？他說好啊，不過因為他暑假在修學校提供的數學課，現在學「交叉相乘」時遇到瓶頸了，問我能不能先教他一下？我答應了。

踏入他家玄關前，Eboue 警告我說他媽媽正在烹煮剛果料理 pondu，他自己很不喜歡那個味道，叫我見諒。我覺得 pondu 的味道其實還蠻好聞的，細問 Eboue 媽媽後發現裡面有加小魚乾和木薯葉，不過大概還要幾個小時才能食用。

二十分鐘的教學後，他終於學會了拆解二元一次方程式的做法，我們也如願前往游泳池。

Eboue入水時十分優雅，從岸邊起跳、騰空、手往頭前擺置、手指前端切入水面、身體柔軟地跟在由手劃開的水路後下水，一連串的動作已經成為藝術，濺起的水花跟一顆小皮球掉入水裡時差不多。

我呢？正要從岸邊的梯子下去的我，看到Eboue這一連串的操作，也想學一下，便要求他上岸教我跳水。第一次跳水，就算有雙手開路，我還是不敢直接用頭頂迎接水面，在進入水面的前一刻把頭抬起來，撞擊力道反而更大，前幾次都是一樣的情形。Eboue有耐心的示範另一種他稱作企鵝跳水的做法，就是身體呈L字形直接在岸邊往前傾、雙手擺在身體兩旁，由頭部直接進入水面。

「沒什麼好怕的吧？我跟你講，你就把你的身體想像成一顆洲際飛彈，先發射、校準、再以最小的截面積進入水面。」

「你剛剛把跳水比喻為洲際飛彈嗎？」

說話的人是一位陌生男子，與我們大約同樣年紀。

「我是 Noam，這是我妹妹 Tamar。你們是高中生嗎？」

● 會講七種語言的四個人

我們四人破冰比我摔進水面的速度還快，片刻過後，我們已經知道 Noam 和 Tamar 是巴西猶太人，會講至少英文、希伯來文、西班牙文以及葡萄牙文，法文則是可以用來溝通的程度。Eboue 會講英文、法文以及西班牙文，也聽得懂葡萄牙文。而我呢？那時英文還稱得上可以，會講中文、還有破破的台語，他們三個人有四種共通語言，為了遷就我只好講英文。很巧的是，Noam 他們在暑假之前還是這間公寓的住戶，上個月才搬走，居然曾住在我們家樓下！

一行人聊天、比賽游泳（Eboue 第一、Noam 第二，第三……）、練習跳水，時間很快就過了。我們玩水也有點累了，決定起身到公寓的交誼廳聊天。聊天的內容是國際政治、共產主義和資本主義的比較、還有我們四個身為國際旅者的經驗。一陣子後，Noam 和 Tamar 說等等他們跟朋友要去鄰近的郡玩雷射槍，問我們要不要一起來？

出乎意料的，Eboue 竟然婉拒他們的邀約：「我游完泳都要塗乳液，不然我的腿會變白。」

我說：「你為了不要讓腿變白，要婉拒這一次難得的機會？你每天都可以在游泳池找到聊得來的巴西猶太人嗎？」

我跟 Eboue 決定先去他家讓他塗乳液，之後再到樓下跟兩人會合。一進門，pondu 的氣味又飄了過來。

「可以吃囉！」Eboue 媽媽高興的宣布。我欣喜地接過一盤白飯加 pondu 的組合，開始吃了起來。pondu 吃起來有葉子的口感，也可以聞到魚肉的氣味、不會油膩，想必是一份健康天然的食品。

下樓，我們坐上 Noam 的車。在馬里蘭州，最早十六歲半就可以開車，所以很多十一年級生會開車跟朋友到處去玩。我喊了一聲「Shotgun！」就坐上副駕駛座。Noam 開始播放一些西班牙語饒舌歌，曲風叫 reggaeton（雷鬼）。我們開始深入聊到搬家的原因，還有適應美國途中遇到的種種困難。

抵達後，迎接我們的是他們的兩位朋友：祕魯猶太人 Efrain，還有摩洛哥猶太人 Sadoun。他們四位都來自一個在我們公寓附近的猶太高中，所有學生都是猶太人。

在雷射槍場內，我們六個到處奔跑、躲藏、射擊、擬定作戰計畫、不按作戰計畫行進、怪罪擬定作戰計畫的人、重複。在計分戰時，我被 Tamar 轟得滿頭包；在生存戰中，我差一點獲得勝利，不過基於某些原因，先被我消滅的敵人復活把我消滅了。

●披薩加不加鳳梨

遊戲結束時大概晚上十點半，Eboue 提議去吃披薩。路上，Noam 開始跟著手機播放出來的俄文歌唱著。一問之下，因為他爺爺奶奶是俄國人，所以他竟然也會講一定程度的俄語！

一行人浩浩蕩蕩的走進必勝客，加上會講阿拉伯文的摩洛哥猶太人 Sadoun，我們會講八種語言，已經準備好面對任何來歷的櫃台人員。果然，耳尖的 Eboue 聽出櫃台人員的剛果口音，開始跟他講起法文。這位櫃台人員很高興有可以遇到老鄉

（Eboue 也曾住過剛果），所以免費送我們一盒麵包棒和一瓶汽水。

櫃台人員：「要吃甚麼披薩呢？」

「甚麼都好，只要上面有鳳梨就好了。」

「我才不要鳳梨！披薩上放鳳梨很噁耶。」

Noam：「甚麼！捷，你可以相信他講的話嗎？」

我搖頭。

我們買了兩盒披薩，一盒有鳳梨一盒沒有鳳梨，決定回我們公寓庭院享用。

午夜在我們公寓的庭院裡，我們一行人圍著一張大桌子坐著，對著彼此講的笑話和故事開懷大笑。我觀察著身旁這些今天早上還不認得的臉孔，開口問了心裡納悶許久的問題：

「所以，這就是美國嗎？」

9 夏日記事

暑假第三週，研究反電磁波裝置的小組正式召開第一次會議！會議前，我在白板上寫了滿滿的計畫和流程，從剛開始決定方向到最後論文繳交都已經規劃好流程了，箭在弦上，蓄勢待發！

開會時，我們決定把計畫命名叫做 Orpheus，來自希臘傳說 Orpheus 去陰間拯救戀人的故事，計畫取這個名字，就是代表著人類可以勇闖各式環境的意念。除此之外，我們還決定了小組連絡方式、定期開會時間、還有各組員的工作分派，這樣各司其職，辦事才有效率。

幾天後，我找來與我交情最好的 Daniel 一起做初步研究。我們針對群組裡討論的內容畫出了三種設計，也在群組裡分發任務，請 Kelvin 查詢相關研究的成品、Tafari 研究 NASA 目前在星際航行的需要，我和 Daniel 則是對所有電磁波波長進行初步研究整理，下一次會議時要所有人回報進度。

幾次會議後，我們的研究目標比較明確了，不過大家接下來比較忙，所以我們把實驗品藍圖畫好後就先告了一段落。

● 大開眼界

七月中，我參加 Americans for Medical Progress（美國醫療成就組織）舉辦的 Curious Science Writers（科學寫作家）活動，旨在讓高中生針對醫療界的的議題寫出一篇可供大眾閱讀的文章。過程中，學徒們會選擇一個研究主題、閱讀十幾篇相關科學論文、跟一位醫療界的導師學習寫作，還要採訪該研究主題的一位領頭科學家。

我選的題目是「非洲多刺小鼠和器官增生」。這種老鼠背上的皮膚容易脫落，方便逃脫老鷹的利爪，失去的皮膚不但幾個禮拜就長回來了，老鼠在沒有皮膚期間還很不容易受感染。

不同於壁虎和娃娃魚的再生能力，因為非洲多刺老鼠和人類都是哺乳類、基因比較接近，所以其能力更能對人類有所幫助，也因此使許多科學家展開了相關研究。

為期五天的營隊開始前，我在網路上蒐集關於這種老鼠的資料，剪接成好幾頁的Google文件，電腦關起來後走到哪好像都看到小老鼠的身影。

營隊第一天，我和另一位沙烏地阿拉伯學員挺談得來的，一開口就是抽象的量子物理定律和微積分。他說他正在寫一本關於微積分的書，也剛開始經營一個關於微積分的Instagram帳號，讓我大開眼界。其他學員也不是蓋的，有一位準十年級生上學期已經修完AP法文，接下來要學AP西班牙文，還有位準十一年級生在暑假期間到紐澤西的醫療研究室實習，其他還有很會寫程式的高手和喜愛到處採訪人的學生記者，我每跟一個人講話下巴就掉下一次。

●學習把艱深科學論文大眾化

營隊期間，指導員教我們使用一個方便找工作的平台Linkedin，還教我們寫電子郵件的正確格式和取得回信的技巧。畢竟每個採訪對象都很忙，電子郵件也一大堆，如果我們寄的郵件沒被第一時間發覺就很容易被埋沒在其他信件底下。訣竅是寫好郵件後，設定好程式等到隔天大約早上九點時再發信，這時收信者早上剛進辦公室還在閱覽新的郵件，這樣就比較容易被發現。

做事喜歡逞快的我，誤打誤撞地成為第一個取得採訪機會的幸運兒。訪問對象是在一所州立大學領導整個部門的科學家。雖然只是一通三十分鐘的電話，對象有空的時間最早也是兩個禮拜後了。

除了寫作之外，營隊還邀請了許多講者向我們說明推廣科學的重要性。一般人沒有時間和興趣去閱讀科學論文，所以可能會因聽信網路謠言做出傷害身體的決定，科學寫作家的存在就是要使用比較淺顯的語言，把艱深的科學論文改寫成一般人可以消化的資訊，才可以避免這種事發生。另外，所有重要的研究都仰賴資金，而協助科學家取得這些金援也是科學寫作家的重要任務之一。NASA的計畫之所以可以獲得天文數字的資金，就是因為行銷做得好，使得大眾和政治家們都很支持這些科學家的研究。

營隊有作業，每天都要閱讀很多科學文章，我每天讀完後倒頭就睡。五天下來，原本全白的筆記本都滿了一半，黑眼圈也很重。

兩個禮拜後，在採訪研究學者前，我把訪問時要問的問題寄過去給訪問對象，也讓他在採訪前有心理準備。訪問時我有錄音，所以訪後我又花了幾個小時整理錄音內容，也聽得出來我十分緊張。現在才知道原來一次短短半小時的訪問，背後是好幾個小時的功夫。

遺憾的是，我暑假前沒有做太多的規劃，所以科學寫作家營隊結束後就沒有其他活動可以參加了。雖然有 Orpheus，不過我們也不能確保在暑假期間會有成果，不一定可以放上申請大學的履歷，所以應該還是要有備用計畫。很多同學趁暑假把學校的必修課修一修，如此一來開學時可以選修更多 AP 課。我當時覺得以前在台灣都要參加暑期輔導，很久沒有體會過自由的暑假，所以不想在暑期修課，現在後悔也來不及了。

幾天過後 Daniel 要過十八歲生日，他問我要不要一起去紐約市玩兩天？

上次隨家人去紐約，因為不熟悉美國文化被嚇得很慘，這次去紐約可以當作自己對美國文化了解程度的驗證。

我說當然好啊！

● 紐約二日遊

紐約二日遊，就這麼決定了！我們在特區的中國城搭乘 FlixBus，去紐約三個半小時的路程只要二十美元，一路上地形平坦，挺舒服的。一年前在紐約走路，每個人感覺都很可疑，事隔一年，我很自在地跟路邊小攤販老闆聊天、參加中央公園的非洲音樂祭、午夜在時代廣場閒晃、還上 Marriot Hotel 的健身房俯瞰時代廣場。隔天，我們乘免費輪船到曼哈頓對面的史丹頓島，途中欣賞自由女神像風采。

紐約還是一樣喧囂，有計程車喇叭聲、人的吼叫聲、還有另外各式各樣的噪音夾雜成背景音樂。不過我的心態變了，已經對文化多樣性和美國人大剌剌的生活哲學有所心得，終於可以好好地享受紐約。

去紐約的那個週末，我有報名考 TOFEL（托福），這是很多大學對國際學生的要求。像普林斯頓規定，如果高中四年期間在全英語環境未待滿三年就需要報考，不過這個標準也會隨大學而異。有些大學規定一定要考到幾分以上才能入學，有些則有比較低的入學門檻，不過幾分以下就要參加 ESL 或 ESOL（純粹名字不一樣）課程。

比起ACT和SAT，托福多了說和寫兩個單元，建議特別按照它的格式練習過再去應考。另外，托福的考試費用是兩百五十美元左右，是ACT和SAT的好幾倍，建議一次就把它考完。我當時覺得只有國際生要考，很不公平，收費還這麼高，所以買了一本十幾塊的練習簿後只有興趣缺缺的翻了一下，考試前兩天才開始練習口說和寫作的部分，結果口說和寫作就沒有考得很好，前者二十三分，後者二十二分。閱讀和聽力的部分，因為曾經花了好幾個月的時間練習ACT，平時也常聽同學講英文，都漂亮的拿了滿分三十分。

我們家本來預定只在美國待一年，不過爸媽因為看我喜歡當地環境、也適應得還不錯，加上爸爸又受美國國家衛生研究院多聘用一年，大約在今年三月時決定全家人在美國待上第二年。暑假後我妹妹也會從國中升上高中，正式成為我的學妹。

● 在守夜會上獻唱《奇異恩典》

本來預定八月返台，現在改成兩個多禮拜的短期造訪。搭飛機前幾天，德州的

El Paso（厄爾巴索市）發生一起槍擊案，是川普總統上任以來白人至上主義者對拉丁美洲移民犯下最嚴重的暴力案件。熱衷政治的 Eboue 邀請我到白宮前的拉法葉廣場，在搭飛機前一天下午到一個 Moco for Change（蒙郡改變協會）主辦的守夜會上獻唱《奇異恩典》。

守夜會當天，我、Eboue 和其他幾個獻唱者在拉法葉廣場的草地前練唱，雖然時值八月，因為當天風大，我們都還穿著帽 T。大家都頗嚴肅，練唱的進度很快，一下子大家就對歌詞很熟悉了。活動在白宮前的一棵樹下舉辦，現場大約一百人，有幾個反槍組織和個人演說，還有好幾個電視台的攝影機環繞著我們。

演說者中有位與我年紀相同的女孩 Rachel，她說她以前居住的城市最近發生一場槍擊案，受害者還包括她一位很好的朋友；她說其實美國各處時常發生槍擊案，每天都有好幾十個受害者喪命於槍口下，不過因為媒體沒有報導，都是鮮為人知。

美國憲法第二條修正案保障人民擁槍的權利，就是以防政府腐敗，人民能保有武力反抗的手段。不過，近年來曾有多起一般民眾到校園掃射學生和種族仇恨屠殺的案件，讓許多民眾要求政府更嚴格地檢查擁槍人士的資格。今天到現場的很多人都有自己的故事要分享，還有許多學生政府的成員呼籲大家聯署要求馬里蘭州政府改變現行政策。雖然我住的地區很安全，同在馬里蘭州的巴爾的摩市卻擁有全美國前五高的犯罪率和謀殺率。

聽了演講者們的故事，我內心充滿氣憤，對社會上的不公感到鄙視、厭惡，還有同情。演講結束後終於輪到我們獻唱，大家手裡都拿著一個蠟燭造型的燈泡。我們從小聲的哀悼曲調轉為較有力道的語氣，提醒大家在哀傷之餘要保持希望，也替在場的其他社運份子們加油打氣。

會後我和 Eboue 兩人去找 Rachel，肯定她上台分享故事的決定。我們自我介紹之後發現她就讀附近的一所高中，也交換了聯絡方式。除了 Rachel 以外，我們也認識了許多與我們年紀相仿的社運份子，最年輕的還在唸國小呢！

這是我第一次參加社運活動，這次的經驗也幫我在美國的第一年畫下完美的句點。畢竟，還有甚麼能夠比在美國白宮前，實行憲法第一條修正案保障的言論自由，還要更富美式風格呢？

10 回「嘉」

抵達台灣後，我乘著火車駛近嘉義縣民雄鄉，時隔一年，雖然街景依舊，不過因為我看待事物的角度已有所改變，家鄉感覺起來截然不同。

回到家，第一個念頭是這房子好像縮水了！美國地大物博，街道寬敞，房子內的擺設也會留下許多空間。我們在嘉義縣民雄鄉的房子因為住了許久，東西很多，因為收拾整齊，不會覺得凌亂。不過，以前覺得很寬敞的廚房現在感覺好窄。

回到我房間，我看著陪我長大的書櫃和書桌，一股懷舊的感覺油然而生，想像著以前常坐、躺、站著看書的姿勢，再細數著書櫃上的書本們，遺失在以前的回憶裡。

回到嘉義後第一餐吃的是水餃，我跟家人坐在水餃店裡聊天，注意到了電視上播放的新聞節目。螢幕上，兩台摩托車撞成一塊，旁邊有台救護車準備把傷者載走。我從以前就很討厭看這些節目，一點教育意義都沒有。我心中覺得古怪，世界上有這麼多新聞，為甚麼多數台灣的新聞台都喜歡報地方的車禍？台灣身為一個島嶼國家，如果不主動去向外探索，只會離世界愈來愈遠而已，這種新聞卻一直侷限我們的世界觀。

●尋找外國人

走在民雄街上，我對外國人的存在十分留意，一年前以為民雄的居民都是當地人，現在連出門買瓶鮮奶都能發現裹著蓋頭的穆斯林女性、穿著活動衣服的一群泰國人，還有穿著球隊衣服的越南人。

去美國一年回來，我已經可以透過傾聽和觀察文字，分辨出東南亞的幾種主要語言，在嘉義市裡也很常聽到泰文、越南文以及菲律賓文。

除了行人，我也注意到了以前沒發現的幾間河粉店和東南亞日常用品店，這些都是新住民開的店面，所以都能感覺到不同文化的氛圍。

回台灣期間的一個大目標，是要訓練我的跑步能力。為了彌補上個學年沒能體會到校隊的經驗，我報名在下學年秋季賽季參加越野賽跑校隊。該隊成員在八月展開賽季前訓練，每天要花上幾小時的時間鍛鍊，不過我因為要回台灣不能夠參加鍛鍊，所以請求擔任體育老師的姨丈幫我特訓。訓練內容有馬克操和長距離跑步，目的是要增強對雙腿的掌控。

時隔守夜會幾天，在該活動遇到的 Rachel 透過 Instagram 傳訊息給我，問我過得如何？她在活動現場時，時不時迴避眼神接觸，所以現在她傳簡訊過來使我滿驚訝的，不過也不需要多想或是過度解釋事情，順其自然就好了。

幾天後，我們每天至少傳一個小時的訊息。

某天，Rachel 在台灣時間下午兩點多傳訊息來。美國東岸的非日光節約時間和台灣相差十二小時，所以當地已經午夜深更了。

Rachel：「嗨。」

我：「妳現在在做甚麼？」

「我在一個派對裡。」

我：「派對很無聊齁？」（不然怎麼會來傳訊息）

「還可以，不過我目前是坐在一個抽乾的游泳池底部坐著發呆。」

「有人在夏天時把游泳池抽乾？妳要不要趕快逃離那裏，誰知道那些野蠻人之後還能做出甚麼瘋狂的事情。」

回故鄉，最重要的事就是要和以前的朋友見面嘛！時隔一年，很多以前的同學因為常上健身房，身材轉變後都快認不出來了，不過最令我驚訝的是一位友人竟然和朋友在嘉義市區辦了一場影展！

影展位在嘉義市政府附近，友人在路邊有設置許多箭頭指引來賓上樓。影展播放許多外國小成本電影，分別來自俄國、美國、加拿大以及法國，並且在每個電影播映結束後邀請專業影評來解析電影。整個活動十分精緻。

以前在嘉義，因為學校課業壓力大，我以為注重讀書就可以申請上很好的國立大學，所以沒有積極參與課外活動。這次看到朋友有能力募款、籌備、執行影展，給了我一個想在嘉義做點什麼的靈感。

在台灣期間，我除了不斷修改第一篇申請大學要用的文章外，也要跟科學寫作營隊的導師用電子郵件連絡編輯我的稿件。返台第二週，我開始每天規律地去我家附近一間早餐店坐上兩個小時，吃早餐之餘每天寫一篇短文記錄我對台灣的想法，再發布到 Instagram 上。這些短文包括我對台灣南進政策、媒體、文化的想法，還有一篇關於我使用英文名字的經歷。

● 用中文名字「捷」Chieh，不叫 James

去美國前，我曾使用 James 這個英文名字。凡是使用英文自我介紹、申請電子郵件和其他帳號時都會使用它。在美國時，我也持續在自我介紹時說我叫做 James Hsu，不過點名單上的名字其實是 Chieh Hsu，就是我中文名字「許捷」威妥瑪拼音的拼法。

在美國的第一學期時，每個老師都叫我 James，我自己也從出生後就被外國人這麼叫了，所以覺得很自然。不過我凡是有考卷簽名時都會簽 Chieh，畢竟那才是我正式的名字。曾經好幾次在唱名發考卷時，老師會停下來，走到我面前，再把考卷遞給我，避開講錯 Chieh 發音的尷尬。

第二學期，我跟我新的數學老師和哲學課老師比較熟，不過因為我沒有對她們做過正式的自我介紹，所以她們不知道我有使用 James 這個名字，而是都叫我 Chieh。有次數學老師招攬我進入數學社，我跟社長 Owen 自我介紹時說我叫做 James，數學老師一臉驚訝。

數學老師：「你為甚麼從來沒有跟我提過你有用這個名字？」

「因為妳發 Chieh 的音發得很好，我覺得沒有必要提到我有另外一個名字。」

「你比較喜歡別人用哪個名字稱呼你？」

「Chieh 可以反映我的文化，所以我比較喜歡 Chieh，但是對於有些人發音發不出來，叫我 James 也可以。」

「我覺得，我們美國人學習你中文名字的發音是種基本的文化尊重，如果你比較喜歡被叫做 Chieh，就該讓所有人知道這件事，要他們別再叫你 James 了。」

當天晚上，我躺在床上久久不能入眠，在琢磨這次對話。隔天，我開始跟我最好的朋友們轉述那場對談，請他們此後用我的中文名字稱呼我。幾天後，每個平常跟我有交集的朋友、同學還有老師發考卷唱名時都稱呼我 Chieh。無可避免的，之後做自我介紹時，很多人會叫我多跟他們練習發音，不過這也代表他們想慎重行事的態度，一陣子後大家也都習慣 Chieh 這個名字了。

我能理解很多留學生選擇使用當地普遍的名字是為了融入當地，不過，我開始全面使用中文名字後才感覺比較融入，因為在我們高中的移民學生大多數都選擇保留自己文化的名字，我使用 James 反而不符合自己身為國際學生的身份。

● 走上街頭宣導重視亞馬遜大火

八月正值亞馬遜雨林大火，天氣炎熱加上農夫違法燃燒叢林的關係，雨林每分鐘都損失一個足球場面積大小的綠地。亞馬遜貴為地球之肺，就算不能採取直接行動，我覺得身為地球公民就有義務要宣導這件事情。

我使用廢棄的紙板和洗淨的鞋帶做成掛牌，上面寫著「亞馬遜雨林／世界之肺／正在燃燒，你感受到了嗎？#環保#國際時事」、「亞馬遜雨林燒大火，你知道嗎？」、「亞馬遜雨林／生態寶庫／正在燃燒／你，知道嗎？#國際#國際#國際

#環保意識」、「Amazonia Is Burning, Got It?」等字樣。

八月二十八號，我們家隔天就要再度出發去美國，我和兩位來自協同高中的友人掛著這些牌子，從早上十點開始在嘉義街道上行走三個小時，旨在提倡嘉義市居民關心國際議題和環保意識。途中，我們遇到許多人問我們牌子上寫的是甚麼意思？我從巴西的地理位置開始，娓娓道來亞馬遜雨林正在遭受的摧殘。

我們遇到一列正在進行校外教學的小學生，隨同的老師就這個議題機會教育學童，我們還見到許多樂於捐款的慷慨人士，不過因為我們走上街頭的目的不包括募款，就沒有收下他們的好意。在等紅綠燈時，我們遇到一位賣水果的阿嬤，她很喜歡我們上街遊行的計畫，堅持要送我們一人一根芭蕉，推辭不成功，我們還是欣然地收下了。

這次回「嘉」，也算是對我這一年的成長做驗收。單就在嘉義市走上街頭這件事來說，一年前的我因為會擔心別人眼光，做不出這件事。現在我感覺到有許多政治和國際的議題在向我招手，邀請我來參與。我決定要盡我的一份力，從一個簡單的對話開始，協助改善這個世界。

第二章

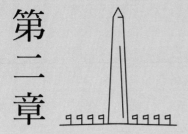

11 預備，跑！

從桃園搭飛機前往華盛頓杜勒斯機場的航程大約十五小時，航空公司也提供了不少有趣的電影供旅客欣賞。明明是難得的娛樂機會，我卻不敢使用眼前的螢幕，反而是敲打著筆記型電腦的鍵盤，在我申請大學的文章上修修改改。

因為我的英文寫作能力不理想，加上開學後有校隊、Orpheus物理計畫，以及物理SAT科目考試要投入心力，我決心在開學前把文章寫完，才能全心的做其他事情。SAT科目考試又稱作SAT2，是大學申請的一環，用於考驗學生對於特定科目的熟悉度，有些大學會要求附上。有別於AP考試，SAT 2的成績在多數情況下不能用來兌換大學學分，不過每次舉辦SAT考試時都會舉辦SAT科目考試，考到不理想的分數時也比較容易重考。

應普林斯頓大學的要求，我在申請物理系時，需要繳交數學第二級和物理這兩個

SAT 2的成績。SAT 2的數學分為兩級，第一級考試範圍包括代數2（Algebra 2）以降的所有課程內容，而第二級則包括準微積分以降的所有內容。六月初學校修業前兩個禮拜，我報考第二級的數學SAT 2，不過當時我數學還在上準微積分的課，所以有一整個單元是我必須自己先修學習的。買了數學和物理兩本SAT科目考試的準備書，就快速展開了練習！

仔細的作答下，我發現數學科目考試比學校的課程簡單許多，也許是因為它是選擇題吧？慎重其事的考完了考試，一個月後成績就出來了，也漂亮的取得了滿分！物理的部分，雖然我沒有上過美國高中的物理課程，卻因為有台灣高一物理的水準，覺得只要自修幾個單元就可以應考了，所以我報名了十月中的考試，預計在開學後利用時間準備。

想著想著，飛機已經落地，三小時過後，我回家洗完澡直奔學校參加Senior Picnic（十二年級生野餐），與會的十二年級生可以在操場旁的小木屋上留下自己的名字，未來一年路過時都會看到，是表現參與度的重要機會。

隔天下午，我再訪操場參與越野校隊的例行訓練，抵達時看到許多人已開始熱身。教練一看到我第一句話是：

「哈囉，二十圈，預備，跑！」

我二話不多說開始跑步，中途停下來把上衣脫掉後繼續跑。

● 開學前的準備

翌日，我召集 Orpheus 小組，請大家回報進度。Tafari 已經做好一個概念模型，可以準備開始實驗，我、Daniel 和 Kelvin 也沒有偷懶，透過閱讀學術論文來研究可能在儀器內發生的物理現象，和尋找可能遇到的問題的解決方案。經過一個半小時的校準過程後，我們決定去附近的電器用品店添購電線等零件來加強模型。

幾個小時下來，組員們也有點累了，Tafari 說他開學後可能沒什麼時間做 Orpheus，我決定把模型收在我的房間裡，盡量找時間繼續實驗。

開學前幾天，我整天除了調時差就是在改大學申請作文，和暑假剛開始時看書、游泳、聊天的日子反差極大。公寓的游泳池配合學校作息，開學前一天也是它開放的最後一天。

開學前的晚上，我闔上筆記型電腦，走到游泳池和暑假每天跟我聊天的 Ivan 道別，幫他把椅子排列整齊後拿到樓下儲藏室放。Ivan 鎖上儲藏室的門，象徵性的宣告夏天美好日子的結束。

跑中長程賽跑的其中一個守則是，中途絕對不能停下腳步。我從桃園機場起飛的那一刻起跑，開始體驗高中最精華的十二年級；就像一個好的跑者一樣，我在抵達終點前絕不停下。

12 社交泥沼

我在暑假期間因緣際會的情況下結交到許多個性獨特又富有故事的朋友，所以我決定十二年級時，在學校也要努力拓展我的社交網。

今年上學期的課表在去年學期末前就出爐了，我的第一堂課是ＡＰ微積分ＢＣ，其教學進度和大學基礎微積分相仿。如果我ＡＰ考試考得好，上大學後就可以直接從大二的數學課開始上起。不過，這堂課也是全校公認最難的一堂課，很多前往名校就讀的ＷＪ畢業生成績單上只有這一堂課是Ｂ，其餘的都是Ａ。第二堂課是ＡＰ英文結構（AP English Langauge and Composition），我上學期在ＥＳＯＬ時發覺對寫作的興趣，私下總是會找老師討論英文文法中的特例，ＡＰ英文結構注重的文章撰寫能力正也是我所欠缺的，所以老師決定推薦我上這堂課。

「這堂課對一般美國學生來說很難，不過因為你很努力，我相信你一定可以的。」

ESOL老師嘉勉的話語還迴盪在我腦海中。

第三堂課是法文1。因為我小時候學過法文，又有大學時想去巴黎留學的憧憬，決定現在重新開始學習這個語言，也盡可能為大學時學習更高級的法文課鋪路。

第四堂課是健康課。這門課是必修課程，下學期我還得要修一堂必修的體育課。

第五堂課，也就是吃完飯後下午的第一堂課，是AP物理C。這本身就是大二的物理課了，AP考試考好的話，上大學時也能夠直接開始學更進階的物理課。值得注意的是，這堂課分為兩個區塊，分別有機械（AP Physics C: Mechanics）和電磁學（AP Physics C: Electricity and Magnetism）兩個考試要報名。我有一個朋友去年以為只需要報名一個考試，結果另一個就沒有考到，去大學要重新上一樣的課。

第六節是美國歷史，這堂課雖然在全美各地的高中都是必修課，不過課堂內容會因地區而有差異。例如我們教到黑人社會運動時，就有特別提到蒙郡引以為傲的幾名社會運動者。

最後一堂課是木工課（Foundation of Technology）。這也是一門必修課程，我去年一直琢磨到底要修這堂還是AP電腦概論（AP Computer Science Principles），最後因為我對程式設計已經有些概念，對木工卻完全沒有經驗，想說利用機會探索一下，說不定我有當木匠的天分呢！

自我介紹

第一天上課時，身為學生的我們基本上不用做任何事，老師會進行自我介紹、講述他的期望，還有課堂進行的模式，就像看戲一樣。

數學課教室裡，韓國移民老師 Mr. Kim 用他腔調濃厚的英文熱情的討論微積分。他生動的語氣和浮誇的故事卻沒有使人卸下警備，因為我們都有聽說他是全校最嚴苛、一板一眼的老師，沒有之一。好吧，除了一位坐離我不遠、又是越野隊隊友的 Cairo 是例外，他頻頻問問題打斷老師的話，看來以後有苦頭吃了。

其他幾堂課中，最令我印象深刻的是物理課。老師 Mr. Rochlin（自稱 Mr. R）是本校校友、馬里蘭大學畢業、還去世界頂尖的瑞士 CERN 粒子加速器實驗室工作過。他去年年中加入 WJ，擔任英文代課老師時立下極佳的口碑，今年擔任物理老師，並扛下教導 AP 物理 1 和物理 C 的重任。

Mr. R 只花十分鐘就介紹完課堂內容了，其餘的時間用來問學生暑假時間都做了甚麼。他一個一個同學問，我們感覺挺被重視。加上他講話故意放慢速度，配合生動的臉部表情，產生類似 Eboue 講話時的魔力，只是還再更上一層樓。

其中他和 Kelvin 的對話使我非常印象深刻。

Mr. R：「嗨這位同學，你叫 Kelvin 是吧？暑假有做甚麼好玩的事嗎？」

Kelvin：「我去夏威夷玩。」

我以為到這裡對話就會結束了，結果睿智的 Mr. R 竟然有辦法接下去。

「是哪一座島呢？」

「Kauai。」

「哦？那邊我沒有去過，不過我去過 O'ahu，挺愜意的。」

輪到我時，雖然我認識他不到三十分鐘，還是迫不及待地與他分享我在台灣遇到的遭遇，包括朋友辦的影展及以前同學的轉變等等。因為 Mr. R 是猶太人，加上臉上留著腮鬍和一頭長髮，又很有個人魅力，同學們甚至給了他耶穌轉世的綽號。

開學前幾天，我講話快速的向新同學們做出自我介紹，模仿我和 Noam 他們破冰時的幽默感和熱情，以為這樣就是拓展交友圈的好辦法。

第二天上英文課時，座位已經分配完成，我和坐我旁邊的 Rina 搭話，問她一堆問題，卻因為我心急一直拋出回答和問題，每個話題只聊到兩三句。很快的，因為話題都用完了，我們之間尷尬了起來，之後情況惡化到好幾天沒講上一句話。

在數學課時，我發現坐我前面兩格的同學 James 恰好在物理課也坐在我後面，也開始跟他搭話，一開始挺順利的，不過有次物理課時，坐在 James 身旁的一位朋友針對上課時很吵的同學開了一個暴力的玩笑，我有點嚇到，往後上課時也很少轉過去找他們討論了。

● 體驗校隊生活

校隊方面，我雖然是十二年級生，卻因為是隊上的新手，只能跟其他菜鳥們一起訓練。不過由於我有健身，暑假時更是每天游泳訓練背部肌肉，身體是全隊最壯的，也很快的吸引到了隊長們的注意力，在操場練跑時高級分部（Varsity）的隊員們會過來拍我的背。另外，我很快就發現三位隊長跟我修的都是同一門微積分課，他們也邀請我加入群組。可惜的是，因為我用的手機不是iPhone，無法加入，之後我常常想說如果我能夠加入的話說不定能有甚麼有趣的際遇。

高級分部的參加資格不是看年資，而是單憑實力取得資格。有些人十年級就當上高級分部的成員了，有些人在隊上待了四年都沒能從一般分部（Junior Varsity）晉升上去。在球類運動中，WJ的一般分部和他校的一般分部會先進行比賽，WJ的高級分部再和他校的高級分部進行對打。越野賽比較特別，比賽時兩個分部一起跑，不過計算成績時只納入前幾名跑者的分數，所以跑得相對慢的我也不會擔心會成為拖油瓶。

我們每天放學後三點開始跑步，五點結束訓練，大概跑十公里左右，還要做核心訓練。禮拜四開會時，隊長們宣布星期五晚上要在隊長Lewis家舉辦晚餐集會，在星期六比賽前幫我們打氣，叫我們帶沙拉去，不要帶含糖飲料或零食。

Lewis家是典型的美國獨立住宅，兩層樓高的建築旁有一個庭院，整個社區被高聳的樹林圍繞，感覺跟我住的區域截然不同，像是美國高中電影裡男女主角住的社區。Lewis 本人是金髮帥哥，女朋友 Abby 也是金髮美女，兩個人坐在主桌啜飲著飲料，還真有電影的感覺。Abby 是女生越野校隊的隊長，也是全馬里蘭跑得最快的高中女生，是全隊最被看好的人物。

放眼望去，與會者都只吃零食和喝含糖飲料，我帶去的沙拉被冷落在一旁，都沒有人去碰。

我看著周圍正在交談的人們，發現十二年級生人數很少，越野隊隊員以十一年級以下居多。一位同是十二年級的隊員解釋，這是因為以前常參加越野隊的高年級生現在都忙著準備大學申請的資料，留下來的都是有成功晉升資深分部的隊員，我這個十二年級才加入的是特例，難道我大學申請都弄完了嗎？

沒有，連第一篇文章都還在修改階段，只是我一心想體驗校隊生活，所以才做了加入越野隊的決定。

庭院裡，雖然有室內發出的燈光，外面卻還是很暗，Abby 進屋子裡拿出一個舞池燈球放在地上。七彩的霓虹燈加上音樂和傍晚的空氣，氣氛十分不錯。

因為現場都是低年級生居多，我跟他們沒什麼共通話題，就走到 Lewis 和另一位隊長坐的位置開始攀談起來。結果這位隊長的目標學校竟然也是普林斯頓！他身為校隊隊長，父親還是普林斯頓的校友，感覺錄取的希望很大。

● 第一場賽跑

星期六早上，我爸開車載我到位於貝塞斯達的喬治城預備中學（簡稱 Prep）參加我的第一場比賽（英文是 meet，不是 race 哦）。這間學校是一所私立的貴族寄宿高中，畢業生錄取名校的機率極高，二〇一八年富有爭議的美國大法官 Brett Kavanaugh 就曾經就讀這裡，他被指控在就讀期間犯下性侵罪。

雖說是高中，Prep 的校園卻大到跟大學校園有得比。五百位學生不到的學校，設施包含奧林匹克標準大小的室內游泳池、室內和室外田徑場、足球場、美式足球場、實驗大樓、音樂大樓等等。WJ 只能望塵莫及。

比賽在校園門口南側的田徑場和草原上舉行，跑一圈大約一．七公里，總共跑三圈，合計五．一公里。

這次比賽是一年一度的大會師，附近很多高中的隊伍們都有來參與，場面十分壯觀。比起一般兩隊相對的比賽，這次大會師形式自然特殊，選手們分為兩組，高級分部先跑，接下來才輪到為數近二百人的新手組。

高級幹部上場時，剩下的隊員們在旁觀看、大聲加油打氣。我吼得很大聲，大聲嚷嚷著剛結識不久的隊長的名字，加上「You got it!」、「Go wildcats!」（學生都以學校吉祥物自居）、「Show'em what you got!」、「Let's go Lewis!」等等鼓勵的片語。

新手賽跑之前，男性高級幹部湊過來，要我們男性新手圍成兩個同心圓，十二年級生在內，低年級在外，每個人手搭旁邊兩人的肩，一邊唸著「木法、木法……」一邊左右搖擺，音量慢慢趨大也慢慢往中心聚集，最後興奮的開始跳躍、往會場另一頭奔跑。這是我們隊的戰舞，好像已經頗有歷史了，每次比賽前必做。

比賽路徑上有許多陡峭的坡，很多選手跑一跑就跌倒了，不過還是站起來繼續前進。我第一圈還算能挺著胸跑，不過再來第二圈就憑意志力在前進了。旁邊的家長也一直幫我們出主意，說著「身體向前傾」、「頭抬高」之類的話。

第三圈上坡時，我的腳對我提出抗議，要我停下來用走的。「別用走的，加油啊！」一個同校的女生跟我說。互相扶持之下，我們倆以平穩的步伐慢慢朝終點邁進。抵達前一百公尺，在終點區等待的隊友對我們大聲喊著鼓勵的話，感受到加持的我們便開始衝刺！終點區是一個由繩子圍起來，窄小的區域，一次只能一個人通過，通過時要繳交賽前別在身上的一張紙，如此容易計算名次。

我在越過終點後，胸腔內壓力極大，嘔吐的感覺在喉嚨不遠處遊蕩，差點當場……

● 一天未了

賽後，爸媽為了慶祝我第一場比賽完賽，帶我上館子打牙祭。用餐時，我們暢聊台灣媒體可以進步的方向，以及如何確實改善企業文化。

下午，Orpheus 成員全體到公寓樓下集合，進行上次沒有完成的實驗。經過上次，我們的程式已做過調整，對實驗器具的使用也愈來愈上手了。今天的目標主要是透過執行多次實驗，蒐集大量的資料，很可惜的是，我們的資料跟我們的假設不相符合，所以之後需要設計更多的實驗，來確認到底是哪個環節出了差錯。

傍晚，Orpheus 成員離開我們公寓前，我以 SciOly 社員的身分攔住 Kelvin。他去年被學長姊們提拔當上社長，社團今年採用單一社長制，他以後要一手扛住全校最大，近百人的社團，是一個極富挑戰性的工作。

我問：「Kelvin，我有件事想和你商量一下。」

「嗯？」

「因為我們社團的成員都挺內向，所以大家不想開派對甚麼的都是可以理解的，不過我最近加入越野隊，才剛開學一個禮拜成員就打成一片了，比賽前一天舉辦了一場午餐集會，隔天大家熱情的彼此加油，我們應該要多多學習。」

「我了解你的想法，我曾經也想做一些團體活動來增加團隊向心力，可是 SciOly 的人多半還是興趣缺缺的。」

「了解，不過你考慮一下好嗎？我們連各個活動小組都沒有自己的群組，只普遍使用 Google Classroom，這是組長對隊員們單向的溝通管道而已，想必會加入 SciOly

的人在尋找的是一個團隊上的歸屬，而非另一個冷漠的課程。」

那天晚上，我跟 Kelvin 講了許多我對 SciOly 的期許和願景，而我也會從建立群組開始，使 SciOly 往富有歸屬感的團隊發展。

不過另一方面，我在學校新同儕間取得認同的計畫，似乎沒有進展。

13 Work Hard, Play Hard

美國主流文化中，休閒活動是備受重視的。每個星期五晚上，學生聚集在WJ操場售票亭前等待進場，等等要看WJ美式足球隊痛宰其他學校！

WJ的各類秋季球賽中，以美式足球賽最吸睛，冬季是籃球最受歡迎，春季的話則是陸上曲棍球。不過，後面兩者都不及前者受觀眾喜愛。

九月，我一週有三天中午吃飯時都在Mr. R的教室裡度過，為的是準備十月的SAT物理考試。下午放學後，距離校隊練習還有半小時的時間，我會坐在操場附近跟幾位隊長一起寫微積分作業，練習結束後搭公車回家。我每天最喜歡的時間是從公車站走到家裡的那段，因為我可以邊走邊想事情、哼歌，不會被別人打擾，當下也沒有其他需要做的事。回家後洗完澡剛好可以吃飯，這時有大約二十分鐘的休息時間，之後就要回房寫功課，每科AP至少花上一小時，功課寫完之後直接去睡正好可以睡上八個小時。

一個禮拜過後，我開始對這樣一直重複的生活產生厭倦。想了想，整天最有空的時間是放學後、校隊練習前的半個小時。那段時間雖說是拿來寫功課，因為四周吵雜，也很難有甚麼進度。想念合唱團的我，決定去學校的音樂部門借個鋼琴來彈。負責鋼琴的老師聽到我的請求後十分驚訝，不過還是接受我的要求，給我使用其中一間練習室的福利。

我國小時學過鋼琴，不過因為許久沒彈了，十分生疏。手指按著各個琴鍵，從高音到低音，像跟老朋友握手一般不想放手。彈著在腦中自創的旋律，似乎有抒發心情的功效。

當時，Climate Strike（氣候罷課）和 Fridays For Future（FFF）的領導人物瑞典女孩 Greta Thunberg 來到北美參加一連串的會議，也在每個星期五參加各地的FFF活動。Climate Strike 跟 FFF 一樣，都是學生在星期五上課時間到政府機關前靜坐抗議的活動，其主要的邏輯是，如果政府機關和私人企業為了營利不惜犧牲學生們的未來，那學生們只好憑自己的力量去爭取改變。

去年ESOL課時，老師以Greta的演說當作題材，要我們寫一篇關於氣候變遷的報導，也在課堂上播放Greta演說的影片。她將阻止氣候變遷視為己任，為此曾經得了厭食症，也長期在瑞典國會前靜坐抗議，表達自己對世界脈動的願景，是我的偶像。

今年夏天，我在Instagram上得知Greta要來北美洲拜訪，並每隔幾天就會在社群媒體上看到她目前的動向。為了節省碳足跡，她從歐洲用了兩個禮拜的時間搭船橫越大西洋，並在紐約市上岸。迎接的人潮蓋滿整個碼頭；不用說，她在提倡集會自由的美國，人氣超高。

● 參與阻止氣候變遷示威遊行

開學後第二個星期五，我得知Greta要來D.C.參加白宮前的示威，欣喜若狂。當天前往指定地點親眼見識這位能夠一呼百諾全球幾百萬示威者的年輕女子。

我在白宮前的橢圓形草坪（The Ellipse）上等待了一陣子，也與其他幾位在

American University 讀大學的與會者交談，開始懷疑到底會不會見到偶像。想著，南方的草地上出現好幾台攝影機，人群中心是 Greta ！

她參加過數次演講、示威、在各國政府高層前陳訴，網路上針對她而寫的專題報導更是不計其數。話雖如此，她本人還是不喜歡成為閃光燈閃爍的對象，時常躲到其他示威者身後，喘口氣再走出來。

我跟著示威的隊伍走，一邊大喊著這次示威的標語：「The Youth, united, will never be divided!」（青年，團結，不會被分散！）、「Our planet; our future! Our water; our future! Our air; our future!」（我們的星球，我們的未來！我們的水，我們的未來！我們的的空氣，我們的未來！）、「What do we want? Climate action! When do we want it? Now!」（我們現在就要改變！）、「Hey hey, ho ho; climate change has got to go!」（氣候變遷必須要離開我們的世界！）

非常幸運的，我在團體坐下時離 Greta 非常近，只有隔著兩個人的距離。奇怪的是，明明在場很多人是專程來看她的，卻沒有人去跟她搭話，她也很自在的看著草坪沉思。大家站起來時，我跟她說我是她的粉絲，她點了頭，卻也沒有講甚麼。

事後我上網查才發現，每次 Greta 蒞臨抗議活動時都鮮少跟台上的同伴講話，更何況是平時無交集的陌生人！

九月中，SciOly 如去年一般地展開集會，我今年擔任電路學活動的組長，成員有十二人。如同我對 Kelvin 的提議，我幫兩個活動創立了群組，並盡量促進組員的溝通，不過也誠如 Kelvin 所說，很多組員對此興致缺缺。

與其每個禮拜聚會一次，我決定每兩週舉行一次集會，並持續到三月底賽季結束為止。很多組長每週舉辦會議，不過因為每個成員都有三個活動，如果每個組長都這麼安排的話，一週中成員們就只剩兩天中午時間能夠自由運用了。

身為社長的 Kelvin 問我十一月的比賽要派誰去？我回想去年身為新生首戰的快感，請他盡量派資淺的成員去，一來新人們有學習的機會，二來新生覺得自己受到重視，才比較可能選擇為社團付出心力。

每次星期三中午長達四十分鐘的會議，背後都由我搜集資料、擬定會議流程、寫電子郵件寄出預習資料，這些方面的努力，不過因為成員們開會時會認真提問，我覺得這些付出也是值得了。

假日，我都選擇坐在公寓大廳修改我的大學申請文章，在 Sol 和英文老師的幫忙之下，文章已經寫到第八版了；對於文章能否詮釋我的做人，我也愈來愈有自信。每天雖然都很忙，連發呆都是一種奢侈，不過對於時間能夠被發揮到極限，我非常心懷感激。

● 人生第一場舞會

十月初，我參加人生第一場舞會：返校日舞會（Homecoming）。活動前的一個禮拜，我和 Daniel 費盡唇舌嘗試說服 Sol 參加，不過他說他討厭人多的場合，我們最後只能舉白旗放棄說服他。值得慶幸的是，Daniel、Hai、Kelvin 等人因為知道這活動的重要性都有來參加。Eboue 卻以去年已經參加過為由，沒有參加他最後一次的高中返校日舞會。

舞會入場時，大家需要繳交身上所有攜帶的物品放在入口前的地上，舞池在學校體育館裡，照明全關，只剩 DJ 桌前的幾盞燈還開著，大家隨音樂起伏，每逢重節奏時就往上跳著，大喊「耶，耶，耶！」，時不時有小組圍成圓圈，中間有人尬舞。

音樂聲浪大，Hai 才進舞池不到十分鐘就要出來了。我和朋友陪他走到中庭呼吸新鮮空氣。回場時，Hai 發現有一個銀幕在轉播棒球賽，就索性坐下來觀賞，Daniel 也不喜歡太吵的音樂聲，回舞會二十分鐘後又要出來散步，順便看看 Hai 的情況。平時不愛與朋友圈外的人交談的 Hai 竟然在和其他的觀眾打交道，讓我們十分訝異，不過這可能也是他今晚的極限了吧。

決定廣交各式朋友

回舞池時，在走廊上撞到一個結實的身體，我正要道歉時，發現來者竟然是暑假時奇遇的 Noam！七月後雖然沒有連絡，不過我們看到彼此還是十分興奮！我想起 Noam 的語言天賦，跟 Noam 介紹 Daniel 的玻利維亞出身，他們立刻開始用西語溝通，我只聽得懂 Noam 介紹他來自巴西，其他的內容至今仍是個謎。

回到舞池，Daniel 去跟 Kelvin 會合，留下我和 Noam 詢問對方最近的情況。我們倆擠身舞池正中央，與其他人跳、尬舞，玩得不亦樂乎。舞會結束前二十分鐘，我問 Daniel 和 Kelvin 舞會後要不要去附近的國小打籃球？他們卻跟我說他們要回去了。Noam 本來要去參加一場巴西人的派對，聽到我有空，馬上邀請我一起去我家附近的 Pike & Rose 商場坐。

Noam 駕車，我因為上次被他開車的技術嚇到，堅持要坐後座。車上除了我們兩人還有他的兩位巴西朋友和兩個以色列人，我認識其中一些人，但也不是很熟。到了 Pike & Rose，我們叫了幾份披薩和火雞漢堡來吃，一邊互開玩笑，享受夜晚的魔力，之後，我們又到人造沙灘上拍照留念。

凌晨回到家時，我躺在床上思考著今晚的經歷，做下了結論：我若選擇只跟 Sol 等人一起出遊，就不可能滿足我取樂的需求，為此，我需要廣交各式朋友，要有能談論科學的、能夠討論政治的、能一起投身社運的、還有能夠一起玩樂的，而非只選擇跟特定一群人待在一起。

轉眼就十月中，我的 SAT 物理也順利考完，滿分八百分中取得七百六十分！

申請大學的三個方案

再三個禮拜就是普林斯頓申請的截止日了，申請普林斯頓所需要的第二篇文章，我也正在努力生產中。

大學申請大致上分成三個方案：Early Decision（ED，早決定）、Early Action（EA，早行動）、和 Regular Decision（RD，常規申請）。每個學校提供的方案都不盡相同，申請截止時間也都不一樣。申請 ED 和 EA 的時間普遍在十月中到十一月初之間，比 RD 的時間早上兩個月。通常每位學生只能對一間私立學校做出 EA 或是 ED 的申請，公立學校的話則要看這次申請程序有沒有綁定的效力，也就是說一旦錄取後是不是一定要去讀。ED 通常是有綁定效力的，而 EA 則無，因為多了這樣的限制，所以 ED 和 EA 錄取的機率通常也比較大。

申請 ED 或 EA 可能有三個結果：接受（accepted）、延後考慮（deferred）、和拒絕（rejected），其中，被延後考慮的申請資料會被挪到 RD，再和 RD 時段的申請人一起篩選，被拒絕的學生直接淘汰，今年也不能再申請同一間學校。

上英文課時，我在課堂之餘私下向老師請教她對我申請大學文章的看法，被坐我隔壁的Rina聽到。在學校報社擔任編輯的她，竟然提議要幫我修改文章，還叫我把文章分享給她，如此她下課後也能幫我修改。

在大學申請方面付出了許多時間和心血的我，對於這天上掉下來的援助受寵若驚。接下來三個禮拜期間，Sol、Rina、現任英文老師，還有我在ESOL時的英文老師，都持續幫我修改文章，使我的文章品質持續上升。這兩篇文章對我來說極為重要，也講述了很多私人的往事和對事物的看法，一般情況下我只給最好的朋友閱覽。Rina與我不熟，別說是好朋友了，連朋友都算不上，不過經過她修改我的文章，我對她漸漸產生信任感。

兩週後，WJ學生普遍支持的國民隊贏得世界大賽（World Series）冠軍，我隔天戴著國民隊的帽子表示支持。Rina拿起我的帽子戴著，我們四目相接，四周突然安靜下來，一點聲音都沒有。校隊練習結束回家時，我一直想著Rina看著我的樣子，推敲著當時是不是該說些什麼才好。

變裝派對

當週週末，Eboue 來自法國的女朋友 Catherine 邀請我去她家參加萬聖節變裝派對。

我、Eboue、Catherine，以及兩位猶太朋友曾在九月某星期五放學後參加一場ＦＦＦ抗議活動，結束後我們搭乘公車到鄰近城市散步，當時剛好有爵士樂團在表演，居民們也隨音樂翩翩起舞。我們五個人也開始跳舞，Catherine 牽起我的手，教我要配合女士的腳步左踏、右踏、左踏、右踏、反方向重作一次……跳完舞，我們幾人去另一位朋友家坐，再走去學校看美式足球賽，又是另一個神奇的夜晚。

變裝派對前，我到附近的超市買了一小盒化妝顏料，一共黑、白、藍、紅四個顏色，還附上一隻小的化妝筆。我決定在嘴旁塗上鮮紅色，再把左半邊臉塗白，變成小丑的樣子。

派對裡，由於一半以上的與會者都是 Catherine 從附近的法國學校找來的，英文不太流利，我與他們溝通有點困難，全場三十幾人中也只有三個亞洲人。不過，熱愛跳舞的 Catherine 把舞池氣氛炒得極熱，音樂有細心的做選擇，加上大家都是國際學生，跳舞也不是只有在原地上下跳而已，還有許多尬舞和歌唱，現場氣氛極佳，舞池內充滿生命力。

跳舞時，我眼角餘光看到幾位女生在拍照，便湊到她們前面，也想進到相片裡。怎麼知道其他人看到我這麼做也跟了過來，呼朋喚友的，結果全部三十三個與會者都擠到一張相片裡頭了。

我看著身旁興奮唱著歌的人們，十分慶幸我除了 Sol 一群人以外發展交友圈的決定，Sol 他們不會想參加這次活動，就算來了也不能好好享受。

舞畢，我到樓上的沙發上和派對主人坐著聊天。

我：「妳這派對辦得真好！返校日舞會跟妳的舞池根本不能比。」

Catherine：「哈哈哈過獎了！我邀請的人平時都很努力做事，不論是學業、校隊練習、還是課外活動，大家都很投入自己熱衷的事物。」

我：「所以說，派對要辦的成功，參加者都要有這樣的特質囉？」

「當然，這就是所謂的 work hard，play hard。」

14 量子物理的凜冬

從九月開始到現在，Orpheus 已經快兩個月沒有進展了。我對於這個企劃雖然熱情滿滿，但是越野校隊練習和準備大學申請資料等等事情真的使我脫不了身。我在這段時間也有持續到附近的兒童手作教室擔任志工，每個月有兩個星期日會到該教室教國小學生用紙板等材料製作小玩具。這些事情加起來，雖然使我的行程很滿、日子感覺很充實，我還是很想抽身做物理研究。

越野校隊在十月中就結束了，在那之後的兩個禮拜，我每天放學回家後都努力修改大學文章，現在 EA 的資料也繳交完畢了，終於有時間可以繼續進行 Orpheus。

繳交完大學文章後的禮拜一，我下課後走去學校後方的社區圖書館翻找與 Orpheus 相關的書籍。當時我和 Orpheus 的組員已經知道這個計劃要成功，勢必要對量子物理有一定程度的理解，不過我們在這方面的知識卻非常淺薄。

之前蒐集資料時，我在一篇論文裡發現一個可以用在我們儀器原型上的裝置，寫這篇論文的教授住在中國，我寄了一份電子郵件問他有沒有在販售這個設計？他回答說沒有，不過我如果有實驗室的話，可以輕易地照著他論文裡的步驟做出來。我們沒有實驗室，不過有考慮過要跟馬里蘭大學借，最後決定要在蒐集完更多資料的情況下再作判斷，或是現在先寫一份完整的企劃書，等上大學時再把裝置做出來。

學校旁社區圖書館的藏書不算多，但也挺充實的。我找到兩本我頗感興趣的書，分別是《Quantum Mechanics: A Complete Introduction》（量子力學：完整介紹）還有《Quantum Mechanics: The Theoretical Minimum》（量子力學：理論最小值）。

●真的很喜歡物理！

坐到位子上，我打開在暑假時科學寫作家營隊用過的筆記本，翻到空白的一頁，在上面開始寫下我對於 Orpheus 企劃的期許和展望。寫著寫著，我發現我真的很喜歡物理，也想在大學期間義無反顧的追求物理方面的知識！想著想著，我開始納悶起來：「過去一個半月間，我都沒有碰我的研究，這樣是好的嗎？」

接下來的一個禮拜，我把《量子力學：完整介紹》放在背包裡，每天一放學就到圖書館讀書、作筆記。跟在家裡讀書最不一樣的是，在圖書館讀書可以看到其他人，有時候也會遇見我認識的人。在家裡讀書雖然效率佳，不過我幾天後就感到心靈疲乏了，所以不是長久之計。

當週星期五，我覺得我在研究方面有點進展，於是下課後我不是去圖書館，而是我每兩週當一次志工的手作教室。其他員工看到我來，感到十分訝異，不過我向他們說明來意後，就讓我獨處了。

我走到一面巨大的白板前，開始蒐集架子上的白板筆和白板擦。我從背包掏出一張筆記紙，上面寫滿滿的是我物理課下課後和 Mr. R 討論的公式和計算數值。再來，我到手作教室的辦公室拿出一台筆電，開始搜尋一些我納悶許久的物理反應和計算方式。殊不知，其中的高斯定律，我再過幾個月就會在物理課上學到。

從我在紙上未完成的計算開始，我白板筆的字跡橫跨了整個巨大的白板。途中停下來搜尋一個公式，把它抄寫到白板上，再繼續進行計算數值的驗算、分析。一小時過後，整片牆都是我的計算過程，旁邊一位員工看了後說：「這……我對物理真的不在行。」

取得了計算結果，我利用週末時間再重新做了幾次實驗，希望可以盡快做出突破性的發展。

● 冬天的本質

雖然越野校隊的賽季已經結束了，身體還是需要運動，因為再過不久田徑隊賽季就要開始了，我約 Daniel 一起到附近的國中練習衝刺。

田徑隊有點像是越野隊的擴大版，分為三大類組：遠距離賽跑、短距離賽跑，還有丟擲鉛球。

不同於越野隊的長跑，田徑隊短距離衝刺對於爆發力的需求極大，在腎上腺素的影響下，短距離跑者能夠有和長距離跑者不同的身心結合體驗，基於這個理由，我決定試試看百米賽跑。

我依照暑假時和姨丈訓練的經驗，設計自己的訓練，以全套馬克操加百米衝刺為一組，總共做三組，每組大約二十分鐘，全部需要一小時以上才能完成。對於曾在越野隊每天接受兩小時訓練的我來說，這訓練量沒什麼大不了的。每幾天做一次訓練，我對雙腳在衝刺期間的掌握度也進展得很快。就算為了 Orpheus 計畫頻頻拜訪圖書館，我也盡量抽空完成這每次一個小時的訓練。

幾個禮拜後，甄試的日子來臨，Daniel 卻遲遲沒有出現，我發現我在越野校隊裡的跑伴也在等待衝刺跑者的甄試。雖然名義上是甄試的第一天，不過也只有教練們在講述期許和訓話，最後讓想參選短跑的選手在操場上集合做馬克操。今天天氣冷，我卻忘記帶毛帽，風颼颼地從身邊刮過，等到回家才做保暖就來不及了。

隔天是星期六，我早上頭暈又鼻塞，本來想待在床上，卻因為今天又有甄試，只好硬著頭皮再訪學校。

踏上跑道，腳下是熟悉的踏實感，腳部的掌握度也和訓練時大同小異。教練手高高舉起，手一揮，一聲令下：「Go！」

使盡全力地跑，我卻只能夠跑到一四．〇三秒，距離標準一三．五秒還差了半秒三，再跑了第二次竟然也是一樣的結果，分秒不差。

我沮喪地回到家，心想：「難道這幾個禮拜的訓練都要白費了嗎？」

養病的那幾天，我一度因發燒請假沒去學校，不過為期一週的甄試還沒結束，我決定星期五再試一次。

星期五當天，我卯盡全身的能量專注在一次衝刺上。腳的步伐、手臂的擺動，還有重心的配置感覺，都因為「這是我最後的機會！」的心態更加順暢。衝過終點線後，我等待呼吸平靜下來才上前問教練我跑得如何？

……

一四．〇三秒。

那天回家的路上，我想著書桌上擺著的兩本物理書，不禁脫口而出：「如果運動是夏天的本質，那冬天就是用來做學術的。」

● 收到普林斯頓面試通知

十一月中，我收到了普林斯頓面試的通知。Yes！立刻回覆安排面試時間。

大學面試是申請大學中，我覺得最自在的環節。收到申請資料後，大學會發訊息給一個居住當地的畢業生，請他幫忙面試這位申請者。這環節也不一定是必須的，有些大學把這視為一個檢視申請者的機會，有些則只是希望可以透過這次面試，讓學生更了解這個學校。

我的面試者是一位普林斯頓航太工程研究所的畢業生。幾封電子郵件來往後，我們決定在某星期六早上，相約在附近的星巴克碰面。

約定時間五分鐘，我坐在星巴克的椅子上，左顧右盼，不知道他長甚麼樣子？

突然，我背後傳來一個聲音。

「嗨，是捷嗎？」

來者是一位華裔男子，身上穿著普林斯頓的帽T。

我因為昨天田徑訓練時風大，喉嚨有點沙啞，他好心的幫我點了一杯花草茶，還問我需不需要改時間？

我說不用，找了位置坐下後，我的第一次面試就這麼展開了。

雖然叫面試，不過實在像聊天一般輕鬆。我跟他介紹 Orpheus 和我履歷上提到的經驗，他則跟我介紹學校的一些設施和機會，其中是校友會，能夠有效的幫助剛畢業的學生找到好工作，更是職場上強大的人際網路。

一小時過後，我們互相道別，感覺面試還蠻順利的。

當天晚上，我寄電子郵件感謝他的時間，也因為是首次面試，問他有甚麼需要改進的地方嗎？

他的回信使我銘記在心：

「Be yourself‥ that should carry you far.（做自己！）」

十一月末，感恩節假期又到了，不僅是同學，連老師都開始跟學生討論假期要做的事、還有他們是多麼地需要這個連假。

假期前，我在網路上買了《Infinite Powers: How Calculus Reveals the Secrets of the Universe》（無盡力量：微積分如何揭開宇宙的奧秘），書中把基礎微積分剖析得很透徹，也從阿基米德的故事開始，以歷史的角度解析微積分。書中用字淺顯，概念很容易理解，適合任何人閱讀，即使對數學完全沒概念的人也適合閱讀。

在為 Orpheus 蒐集資料時，我發現為了研究物理，數學方面也一定要有更多的研究，兩者相輔相成，缺一不可。為此，我常上 Youtube 看 3Blue1Brown 解釋大學等級數學的影片，也作筆記以便之後參考用。

● 在曼哈頓過感恩節

今年感恩節連假，我們家決定去紐約市住兩個晚上，順便造訪哥倫比亞大學。因為大學選擇甚多，美國高中生常去全美各地拜訪大學，找出理想中的學校。雖然我有申請普林斯頓的 EA（Early Action，早行動），為保險起見，我選了五間物理學院很優秀的學校，在一月時要申請它們的 RD（Regular Decision，常規申請）。

感恩節當天，我們到達紐約市史丹頓島的旅館，卸下行李後，搭渡輪前往紐約市中心——曼哈頓。

繼上次跟 Daniel 來訪紐約後，我已經可以很自在地到曼哈頓的大街小巷行走，也認得主要景點附近的路，所以當我看到平日喧囂的紐約在感恩節當晚異常寂靜，反而感到奇怪。

感恩節當晚，大部分的店面都是關起來的，如果要覓食的話，就要往中國城或小義大利前進。雖然我們有帶泡麵來，也做好感恩節要吃泡麵果腹的準備了，最後還是幸運的找到一家中國餐館，在牛肉麵和餃子的陪伴下度過感恩節。

這邊推薦兩個曼哈頓好去處：Kesté Wall Street 披薩坊和 McNally Jackson 書店。兩者都位於十七號碼頭附近，還可以順道去鄰近的 Wagner Park 公園散步。

整趟旅途中，我一有空就拿出《Infinite Powers》閱讀，一邊在書上作著筆記，假期結束前就把將近四百頁的書看完，之後又要開始寫大學申請的文章了。

在紐約期間，已經快三個月沒聯絡、在八月的守夜會上遇到的 Rachel 傳訊息來，問我要不要找時間碰面？我雖然高興可以與她重拾聯繫，但是發現連假期間我曾頻頻想著 Rina 坐在我身邊的樣子，好像已經喜歡上她了。於是我傳訊息向 Rachel 問好，不過不好意思要回絕她的邀約。

感恩節結束後，我另外又多選了七間學校來申請，再度投身大學申請文章寫作。每天放學後照樣去圖書館，不過不是在忙 Orpheus，而是重複地改我寫完的文章。英文老師們、Sol、Rina、還有我媽都有幫我，每份文件都佈滿留言和修改過的痕跡。

因為許多大學的申請問題都大同小異，我決定把所有的問題都剪貼到同一份文件上，一但遇到相似度高的問題就把答案複製貼上，再做一點修飾即可。

不過，學校們很喜歡問申請者為甚麼想申請這間學校？每間學校的風格、特色相差甚大，這題就必須得在網路上做研究，盡量把這間大學與其他大學不同的特點找出來，才能把這題回答得好。

● 詳讀大學申請規則，才不會花冤枉錢

除了寫文章之外，多數大學會要求申請者在申請階段時把 SAT、SAT 2、ACT、還有托福成績寄送過去。這是一個很花錢的手續，因為寄送成績需要付考試機關大約十美金的手續費，托福甚至還要二十美金。每間學校都要求好幾份不同考

試的成績，全部加起來就好幾百塊了，再加上寄送申請資料也要花錢，有些同學在整個大學申請流程花了一千美金以上。

省錢的訣竅還是有的，就是每次報名考試時，考試機關會贈送幾個免費寄送成績的機會，不過這機會在考試成績公布前就會消失了，所以要在那之前要決定有沒有要使用它。

有些大學規定申請時不需要寄送成績，自己報告即可，錄取後、確定要就讀時才需寄送。還有，並不是每間大學都要求托福和 SAT 2 的成績，SAT 和 ACT 也只要選一個寄送就可以了，申請時要詳讀學校官網才不會花到冤枉錢。

大學對國際學生和高中轉學生所設的規定都與美國學生有所差別，最好也要研究學校官網對這方面所寫的特別規定。我在申請馬里蘭大學（UMD）時，就是因為沒有詳細了解他們對轉學生的規範，不知道他們要求我在台灣讀的學校寄送我九、十年級的成績單原稿，所以沒有做到 EA，而是被延後當成 RD。

● 普林斯頓結果出爐

雖然我不在合唱團裡了，我偶爾還是會參加學校音樂部門的活動。十二月十二號，我妹的弦樂團在學校表演，我們全家也去觀賞。

一個禮拜前，我收到普林斯頓的來信，說申請結果會在一個禮拜後的七點公布，剛好在音樂會開始表演後不久。

坐在觀眾席中，時間一到，我悄悄拿出手機，登入普林斯頓的網站，準備揭曉有沒有錄取我心目中理想的學校！

……

admission status（申請狀況）：

……

rejected（拒絕）

……

好難過。都付出了這麼多的努力，只換來心一沉的失落。

我到外面坐了一陣子，心裡想著我哪一個環節做錯了，才沒有獲得入學許可？從今年年初開始，我就很努力練習ACT、參加課外活動、寫大學申請文章，面試也很順利啊？

對了，面試！想起面試官最後告訴我的事：「做自己！」我另外還有準備十二間學校要申請，我還有展現自我的機會！

想畢，我起身前往家人身旁的座位，途中遇到在擔任志工的Eboue和Catherine，跟他們敘述我的失落。Catherine先給我一個擁抱，再提議我先跟他們一起當志工，讓朋友的陪伴產生安慰的效果，我感激地接受了她的提議。

● 知己Owen、好友Rina

某星期三放學後，我從圖書館走回學校，為的是要幫我參加的數學隊做志工服務。WJ的社團要獲取經費有兩種方式，一是請成員繳錢，二是向Parent Teacher Student Association（PTSA，家長會）請款。向後者請款時，社團可以主動要求在運動比賽時擔任販賣部的工作，不管當天生意如何都能收到一筆錢。

今天我們數學隊在女籃比賽時站櫃，販賣飲料、點心、熱狗、漢堡之類的小點心，女籃一般分部先打，之後才輪到高級分部。高級分部打完後，我們才能收拾攤販，大概六點才能回家。因為時間長，所以許多社團成員都沒有前來，不過，這也是向社團展現投入，替以後晉升幹部鋪路的機會。

數學隊主要的活動是每星期二中午開的會議，隊長 Owen 介紹他自己準備的簡報，主要是複習一些 AMC 12（American Mathematics Competitions，美國數理競賽）或 AMC 10 的題目，AMC 10 是給 9 和 10 年級參加的數理競試，而 AMC 12 則是給 11 和 12 年級參加的。另外，熱衷數學的 Owen 還準備許多高等數學的簡介報告，像是拓撲結構、數論、線性代數等等大學、研究所等級的內容。

每年一月是數學隊的賽季。連續幾個禮拜的禮拜三，我們會巡迴附近高中參加數學競賽，有個人和團體問答，過程十分有趣。比起 SciOly，這裡的組員也比較外向，合作起來也比較歡樂。

令人驚訝的是，天賦異頂的隊長 Owen 竟然只是位十年級生！回想我高一只想把成績顧好，鮮少參加課外活動，不禁讓我敬佩起他了。除了對於數學十分熱衷，Owen 也是一位健身愛好者，每天慢跑一小時加上重訓一小時，身體強壯結實，可以單手彎舉六十磅的重量！

我從學期初開始成為 Owen 的朋友，有次他獲得一台全新音響，邀請幾個人去他家試聽，當天晚上，我、Eboue、和 Owen 三人漫步在社區的街上，開始討論每個人的熱情所在：Owen 熱衷理學，Eboue 鍾愛人文，我則是兩個都喜歡。

聊著聊著，我們開始了建立友誼的磐石：我們展開了一場辯論！Eboue 把講話的速度放慢，並搭配手勢和臉部表情，使他講話十分有信服力；另一方面，雖然 Owen 講話也很有內容，他卻不管講話的方式，只顧著飛快地把自己的想法拋出來，結果使得聽眾沒機會消化他要傳達的意思，他也覺得挫折。

後來想想，有多少我們講的話別人真的聽得進去？要說服他人，應該要像 Eboue 那樣，確保大部分我們講的話有被吸收進去，而不是像 Owen 那樣，只著重於訊息本身卻忽略了傳遞的方式，反而達不成預期的效果。

回到那星期三下午販賣的攤販，我、Owen、和我們的指導老師開始加熱熱狗，等等要拿來賣，這時，我看到了一個熟悉的身影向我招手，是 Rina！她不僅是女籃高級分部的一員，更擔任總隊長的職位。

普通分部在打球的時候，我和 Owen 在販賣部做自己的事，我忙著把每間大學對於寄送成績的規定寫到一個表格上，Owen 則是準備下禮拜開會時要用的簡報。

高級分部比賽下半場，因為攤位也沒有客人，我乾脆走進體育館看球賽。Rina 看到我向我揮手，馬上就又被叫上場了。

比賽中，Rina 被撞倒了好幾次，每次都立刻站起來，拍拍褲子就繼續比賽。身高一百六十五公分的她不算高，不過喊著口令指揮全隊向前進攻和回防，每次得分總有她助攻的身影。她運球時的熟練度和統領全隊的風範，和上課時常講冷笑話的她簡直判若兩人。

除此之外，每次有成員得分，其他隊員就會上前給予鼓勵，全隊就像一個大家庭一般。我這下才了解，在美國高中要找到穩固友誼的不二法門，就是多加入自己感興趣的社團和校隊。和台灣不同、在沒有班級制度的環境下，於社團和校隊建立起來的友誼是無可取代的。

雖然 Rina 打籃球的樣子很好看，不過幾個禮拜前我約會的請求被她拒絕，所以我告訴自己不要想太多。

隨著寒假的來臨，我的眼睛和電腦銀幕簡直要結為一體了。Daniel 選擇在假期前把大學都申請完畢，準備南下到佛羅里達州度假。我就沒那麼幸運，寒假期間，每天從早到晚都在寫大學文章、研究大學網站、還有看大學的介紹影片。除了大學拍攝的影片以外，網路上還有許多學生自己拍攝的作品，也能提供觀者不一樣的角度，比對這間大學和自己的相容性。

● 選出心目中最重要的大學

除了學院排名外，申請大學要考慮自己的偏好，例如學校大小、人口組成、當地氣候、特殊實習機會、校園風氣等等，都可以成為考慮的依據。

試想：

三千人的學校比起四萬人的學校，哪個比較有吸引力？

華人很多的學校比起華人少的學校，哪個比較有吸引力？

四季如春比起四季分明，哪個比較有吸引力？

該大學是否位於城市近郊，因此很多學生都有機會去國際企業實習？又或者該學校自備特殊實驗室，擁有獨一無二的研究機會？

學生怎麼說？他們通常是怎麼樣的人？

這些問題在每個人心中都各有輕重，畢竟大學是一輩子最難忘的時光之一，建議在紙上列出一個表格，決定對自己最重要的要素之後，再篩選出自己想要的大學。

15 轉捩點

第一學期時，我已經建立起一套模式，每天在固定的時間做一樣的事、和一樣的人講話，卻都可以學到新的東西，每天都挺快樂的。

早上搭校車時，我偏好自己看著窗外休息。以前我曾喜歡在校車上聊天，不過後來發現這樣一天的精力會很快就用完了，所以轉為自己安靜的看著窗外、或是閉目養神。一到學校，我會先去找 Sol 他們，通常坐在校門口附近。

● 建立生活作息模式

我們之間不知道要講甚麼的時候，可以看著正在走進校門口的人沉思，缺點就是周圍講話聲有點吵，講話時常要用吼的對方才聽得到。第一節課上課前，我和一位在物理課認識的朋友 Alfred 會一起走到位於二樓的 Mr. Kim 的教室前。一分鐘左右的路程，我們總是找得到話題來講，我也頗享受他的陪伴。

第一節課時，雖然 Mr. Kim 顯得脾氣有點暴躁，不過那也是因為 Cairo 一直問一些令人好氣又好笑的問題，把這號稱全校最嚴苛的數學課弄得挺好玩的。第一節課下課，我和越南同學 Nhi 會一起走到我位於地下室的第二節教室。Nhi 是我去年下學期 ESOL 進階溝通課的同伴，我們從那時候就常常討論數學課遇到的問題，算是老戰友，之後我和她交情愈來愈好，成了無話不談的好友。除此之外，Nhi 還是位稱職的 ESOL 學生會會長，她認真負責的態度是沒人能比的。

第二節是英文課；Rina 是位可遇不可求的搭檔，我有疑問的話她總是有問必答、小組活動時也常由她領導拿下班上第一名、她甚至還常主動幫我修改功課的作文。下課後，我跟她一起走到不遠處的第三節課法文教室。

因為只是法文第一級，課堂上的步調稍慢，同學在上課也是要聽不聽的感覺。這時，我會拿起法文老師特別提供的教材，搭上 Google 翻譯，自己先超前進度學習。下課後我會去找老師，把該堂課學習的疑問都問一遍。學期末時，我得到老師的肯定，下學期直接跳到第三級上課。

第四堂健康課教室和法文課是同一間，有次老師曾問哪些人有參加校隊？結果全班除了五個人之外都有舉手，使我開始納悶我以 SciOly 為基礎建立、一個校隊成員都沒有的交友圈，是不是非常與眾不同。

健康課坐在我身邊的是兩位年僅十年級就升上高級分部的朋友，一位是足球隊上的守門員、另一位則和我一樣都參加越野隊，還是州際賽中名列前茅的選手呢。

中午吃飯時，我每一天都在做不同的事：星期一與朋友吃飯、星期二數學隊、星期三 SciOly 開會、星期四與朋友吃飯、星期五和 Owen 一起參加女權社的會議。

因為我和 Daniel 都有參加對方的 SciOly 活動，我們倆討論後決定把會議改成雙週制，並皆在星期三舉辦，如此方便我們擁有更多自由時間。

第五節物理課，我挺喜歡 Mr. R 的個人氣場，坐我身邊的也都是來自 SciOly、交情很好的朋友們。下課後，我、Alfred，和 Daniel 會一起走到下一堂課的教室，他們倆都很好聊，從朋友們的近況到科學、政治都可以講。

第六節美國歷史課，我在課堂上學到許多亞裔美國人遭到迫害的歷史，也學到許多非裔美國人為了追求平等，挺身而出的事蹟，這些知識在和朋友辯論時也會用到。

第七節木工課，我當初選這堂課的時候心裡非常猶豫，因為很多人跟我說這堂課是浪費時間。不過因為我的老師很重視我們實作的體驗，經常讓我們自由發揮創造力雕塑自己的作品，我才發現木工是件很令人陶醉的事。

從畫設計圖開始，把想像具體實現的過程十分令人享受，再來切割、打磨木頭的程序散發出溫馨的木頭香。時而需要使勁壓著木塊，小心的使用強大的電動刀具，這搏鬥的過程使我全神貫注，十分紓壓。把各零件拚裝起來時要小心翼翼的，想像自己是位雕刻師傅一般細心照顧自己的作品，這也要經歷許多挫敗跟磨練。最後，幫作品上保護漆，使它容光煥發時的感動和驕傲，會讓人想把作品拿著到處炫耀，愛不釋手。

我在木工課做了一個十字弩，威力十分強大、一個擴音器，手機擺著可以把聲音放大、還有一台流線型模型賽車、一個陀螺和陀螺發射器。這個陀螺在全班比賽轉陀螺時總能堅持到最後，後來我在公寓附近的商城把陀螺和發射器送給了路過的一位小男孩。

● SciOly 賽季逼近

大學申請的資料繳交完畢後，我每天放學後如果沒有數學隊的比賽，就會留在學校處理 SciOly 的事務、翻出之前的考古題加以研究，把不會的考試題目都查個清楚，有不懂的就詢問曾就讀電機系的 SciOly 指導老師。

我今年第一場 SciOly 比賽是遠赴維吉尼亞州的邀請賽，幹部們決定把我和 Tafari 搭檔起來。他是我 Orpheus 計畫的組員，又是我早上聊天、中午吃飯時的好友，他今年因為學校的 AP 都修完了，已經到附近的社區大學學習大二的化學課程，更選擇在休閒時間閱讀論文，是科學狂熱的代言人！我有了這樣的隊友，肯定首戰告捷！

除了我自己指導的電路活動（Circuit Lab）之外，我有參加 Daniel 指導的造橋活動（Boomilever），就是要建造一個橋狀物體，使用重量最輕的木頭建造載重度最高的設計就獲勝。我還有參加一個叫機械（Machines）的活動，比賽時要使用自己做的磅秤測量一個未知重量，再寫一個關於機械運作原理的筆試，因為都是物理相關的內容，我準備時也輕鬆了不少。

以上是我自願選擇的活動內容，不過基於比賽時，能出賽的團隊人數有限，比賽成員常需要幫忙替補其他活動的空缺，所以比賽前幾個禮拜幹部們會公布比賽的成員和需要替補的活動。這個填補缺口的程序叫做 filling in，而負責填補的成員們則叫做 fillers。

我今年要幫忙替補的活動有 Tafari 指導的檢測器實作（Detector Building）、音樂之聲（Sounds of Music），還有蛋白質模型製作（Protien Modeling），分別在考驗我們對各種檢測器的認知、對聲音和音樂頻率的了解，還有對蛋白質架構的研究。

為了這些活動，許多領導人已經準備了許久的時間，有的甚至從暑假就開始準備簡報了。身為活動領導，我們更有義務要表示對社團的投入，如此現在的低年級生以後升級上幹部時，才會有想延續良好文化的打算。

每天蒐集資料、與 SciOly 的朋友互相勉勵、調整儀器、修改程式、互開玩笑……時間過得飛快，我每天也很期待能為活動多做一些準備。很快的，比賽之日眼看在四天後就要到了，Kelvin 卻對全體成員公告說要改變比賽隊員編制！

這消息簡直是晴天霹靂，我原本期待跟熟識的 Tafari 並肩作戰，如果改了隊友，不僅是比賽知識水準會有變動，同伴之間也有可能會缺乏默契。WJ 的 SciOly 裡，很多成員不善於表達，如果沒有事先建立好夥伴關係的話，很可能會因此在比賽失利。

結果，幹部們把我留在通常得分率較高的第一隊，把 Tafari 編到第二隊，並指派一位我指導的十年級組員 Gerald 為我的搭檔。

剩下的四天，Gerald 幾乎所有會議都沒赴會，說是有事不能參加。不過在我看來，這些事都不是緊急或臨時的，既然本來就知道 SciOly 比賽時間將至，他應該挪出時間來開會，況且現在臨時組員大風吹，應該要更積極地參加會議才是。

這時我回想 Gerald 在我的活動開會時，時常使用手機、私下聊天的樣子，心裡有了不好的預感。這就是老師用心準備課程內容，學生卻不專心時的感受吧？

比賽前一天，SciOly 通常會召開一場賽前派對（study party），雖然這麼叫，不過實質上沒有派對的成分，只是大家努力為隔天的比賽，做最後的儀器校準和整理資料而已。

不意外的，Gerald 決定缺席，我則是跟機械實作的指導者替我們龐大的磅秤做校正、與 SciOly 的指導老師複習少見的電路配件，和 Tafari 兩人在實驗室裡焊接檢測器實作的電子溫度計，很快地，夜幕降臨，我們也不能多留在學校裡，只能期望明天能夠正常發揮實力。

隔天早上，我和 Daniel 兩人協商，早上先由我爸載我和他去比賽場地，下午再由他媽載我們回家，如此可以省下油錢和兩位家長交通的時間。

● 風波不斷的比賽

一到會場，儀器就要放到比賽地點裡檢查有無違規事項，直到比賽期間才准許我們與它接觸。

比賽程序開始，機械實做是當天的第一場比賽，因為 Gerald 會議出席紀錄不佳，他也沒有練習過操作比賽用的磅秤，我請他不要動手，讓我處理就行了。

下午在做檢測器實作時，因為他從來沒出席這個活動的會議，我也請他不要動手。他要求要看在我電腦上的程式碼，說要試驗一點東西，被我直接拒絕。怎麼知道，Gerald 竟然像不聽話的小孩一樣，開始亂動我的電腦觸碰面版，嘴上一直說：「我這樣有威脅到你嗎？我這樣有威脅到你嗎？」

我耐住性子跟他解釋，這是比賽時間，大家辛辛苦苦做了很久才做好的儀器，現在不能亂動，如果他要做實驗的話就要趁平時開會時做。平時缺席的他，在比賽前一刻也沒有要認真準備的打算，現在被編到第一隊當我的搭檔，又是我的活動組員，如果發生了甚麼事都會成為我的責任。

他好像聽懂了，放手不再亂碰比賽要用的儀器。

這時，比賽的兩位監察員走到我們這組要檢查我們的儀器。我向她們介紹操作面版還有使用方法，原本以為會順利通過，沒想到監察員對我們安裝的燈泡有疑慮。

● 監察員的提問

因為這場必賽是由一所高中舉辦的邀請賽，而非 SciOly 官方舉辦的錦標賽，這些監察員一般都是志工，由當地老師或是家長志願擔任。到大學參加邀請賽時，則通常由大學學生擔任監察員，甚至考題內容也是該大學學生寫的。雖然比較少見，有時也有高中學生擔任監察員，我個人就曾在去年十一月時擔任監察員，還負責頒發獎牌呢！

監察員１：「你們中間的燈泡是透明的，可是我們比賽規定要綠色的光，你這樣有符合規定嗎？」

我：「這個燈泡的外殼雖然是透明的，發出來的燈卻是綠色的，我等等可以證明給你們看。」

監察員２：「（講述燈泡顏色和外殼的關連）」

接下來我們這組走到校準區，用不同水溫的水確定顏色顯示是正確的。測到一半，我們的燈泡成功亮起綠色燈光，我轉身拍了監察員１的肩膀，示意她過來看我們的燈。

監察員１：「不要碰我肩膀！」

我：「喔不好意思，我只是想給你看這個燈泡的光是綠色的。」

做實驗時，我發現桌上有擺放感覺十分精準的電子溫度計，看著我們寒酸的酒精溫度計，我問監察員 1 我們能不能使用它。

監察員 1：「不行。」

我：「可是別組有在使用耶？」

監察員 1：「我說不行。」

監察員 2：「你們整場比賽只能使用同一支溫度計。」

我：「所以我們如果要使用的話，比賽前要先講？」

監察員 2：「對。」

這時，Gerald 用力拉扯連接著主要面板的感測器，把連接的部分全部拉下來了。這幾週測試儀器的時候，我忘了問 Tafari 要怎麼組裝，所以也不會修。少了這個連結，我們的儀器感測不到溫度，就別想得分了。

離開會場前，監察員 1 把我們叫住，說要取消我們這個活動的比賽資格，我當下很驚訝，以為已經夠倒楣了，她還要這樣臨門一腳。

不甘心的我，要求她給我們一個解釋，她則叫我們到一開始的座位上做好，等她們審查完所有組別後，會再過來跟我們談話。

等待期間，我向 Gerald 解釋，這是我今年第一次出戰，而我朋友都是 SciOly 的高級幹部還有活動領導，如果我不能取得好成績的話，要怎麼跟他們解釋？他說他能理解我的意思，並為他先前的行為道歉。

●白費心血，盡是委屈

幾分鐘過後，兩位監察員走過來，說：「我們要清場了，請你們離開。」

我抗議：「是你們叫我們在這裡等的耶！」

片刻過後，她們終於肯坐下來談。

監察員 1：「你們的儀器中途壞掉不說，你。碰。了。我。的。肩。膀！然後你們還厚顏無恥的一直問關於溫度計的事，你們不知道監察員說不行就是不行嗎？」

我：「不好意思，這是我們兩個第一次參加這個活動的競賽，對比賽的規定不熟悉……」

監察員１：「這不是理由啊！剛剛場內許多人也是第一次參加這個競賽，可是他們卻都沒有像你們一樣一直問問題。再者，不能亂碰別人身體，是一種基本的禮貌吧？別跟我說你連這個都不……」

回到休息室，SciOly 的另一位指導老師跟我說，他收到比賽資格取消的通知了，我也一五一十的解釋事情的始末，只是漏掉 Gerald 不服指令的部分不講。

聽完，這位指導老師說：「故事總是有好幾個面向，誰講都會有不一樣的論點。監察員犧牲他們週六休息的時間來這裡志願服務，十分辛苦，所以我不會對此申訴。」

「我了解了。」我嘴上這麼說，心中卻是一片委屈：「那我們付出的努力呢？準備了好幾週的心血就不算甚麼嗎？」我好想大聲講出來。

Tafari 也不怪我，拍拍我的肩膀說沒關係，反正也只是一場邀請賽嘛！只是我知道他心裡肯定很難過，畢竟我們之中就他付出最多，第一隊沒能利用他精心製作的儀器他鐵定很難受，只是他不怪我們、不想落井下石。Daniel 對我說：「有些人來當志工只是想嘗嘗權力的滋味，一心想宰割高中生，真的有些人是這樣子的。」

隔週的禮拜一，我跟 Rina 講述事情發生的經過，她捏著自己的肩膀，邊模仿著擠壓物品的聲音：「噗嗤嗤嗤！」讓我感覺心情也好了點。不過，再過不久就是學期結束，我也要和包括她在內的一些同學道別，心裡真是依依不捨。

學期結束前一個晚上，我寫了張卡片感謝去年的 ESOL 老師，因為就算我不再是她的學生了，她還屢次犧牲放學後的時間幫我修改大學申請文章；我也感謝現任英文老師教我如何判斷自己論點中的邏輯謬誤，提升我辯論和寫文作水準；最後要感謝 Rina 幫我修改文章，有次她發燒請假在家還提議要幫我看文章，被我一口回絕了，叫她好好休息，不過我一直惦記在心上，想表示對她的謝意。

隨著卡片遞送成功，我高中截至目前為止最精彩的一個學期也進入了尾聲。

16 春

二月是WJ的慈善月，整個月中，學生幹部們（Leadership）會投身Penny 4 Patients（為癌症病患募款）運動，舉辦許多大大小小的活動，活動中募到的款項全數捐給Leukemia & Lymphoma Society（LLS），號稱世界上最大的血癌相關慈善團體。

根據WJ的網站，近十年來WJ捐贈了約四十四萬八千九百六十四美金給LLS，折合新台幣一千三百萬元，名列全國捐贈最多的前十名高中。

這些大大小小的活動，包括忍者標籤（Ninja Tag）、師長激勵（Teacher Incentive）、冬季嘉年華（Winter Carnival）、WJ單身漢（WJ Bachelor）、輝光舞會（Glo）、墨西哥捲餅賽跑（Burrito Mile），以及四次餐廳募款。因為這些活動皆反映了美國高中文化的一些思考邏輯，以下會一一說明。

忍者標籤是整個月的長期活動，在學生幹部的櫃台報名後，參加者會收到忍者大師傳來的簡訊，內含遊戲指示和「暗殺目標」。規則很簡單，參加者要對暗殺目標說出「sayonara」（日語再見），不過不能被其他人聽到，如果覺得自己要被暗殺了，及時說出「hasta la vista」（西班牙語再見）就能反過來擊殺暗殺者。如果對錯誤的人說出「hasta la vista」也算淘汰。雖然遊戲的規則很簡單明瞭，實行起來卻難度很高。要如何在充滿人的走廊裡、在其他人都沒發覺的情況下暗殺目標？

這就是平時建立的人脈發揮用途的地方了。我的暗殺者雖然不認識我，卻和我有一位共同朋友James，在她一問之下，James 馬上透露了我的行蹤，她也趁我不注意時就在戶外把我暗殺掉了。

有些狂熱份子把這個遊戲當成職業看待，我一位物理課的同學跑去找 Mr. R，請他把暗殺目標的課表印出來，好讓這位同學在特定時間到特定地點執行暗殺。

另外有幾次學生跟警衛串通，請警衛把暗殺目標從課堂中叫出來，再在教室外沒有其他人的情況下執行暗殺，這些被暗殺的人雖然不能再進行遊戲，不過多了可以說嘴的故事跟朋友分享，也算是雙贏吧！

● 全校展現對活動的熱情

師長激勵也是整個月的活動，在達成一定的募款目標後，有些老師自願把頭髮染成綠色（WJ的顏色）、被拿刮鬍泡砸臉等等，以促進全校對捐款活動的熱情。這些老師都是自願參加，「激勵」的內容也是他們自己選擇的，由此可見WJ師生對學校活動的熱情。

冬季嘉年華是給在WJ學區的中、小學生和幼稚園生參加的活動。學生幹部們找了許多古典遊戲機台，像撈金魚、橡皮槍、甚至還在餐廳架起了幾個充氣彈跳屋，活動當天我爸媽在家裡接待客人，我乾脆走到學校去一探究竟，結果竟然贏得了價值二十美金的輝光舞會門票！

WJ單身漢在演藝廳裡舉行，由台下的女生競標跟台上的單身漢約會一次。活動中，學校的單身漢們倆倆上台，向台下觀眾表演才藝，再和主持人說明預先想好的約會內容，女生們再根據自己的喜好競標，今年最高成交價超過三百元美金！如果遇到不受歡迎的單身漢，學生幹部們會介入競標，會炒價炒到最起碼的五十美金。

如果WJ單身漢是為了想要認真交往的人們舉辦，那輝光舞會就是為了相反的目標存在的。輝光舞會反映美國青少年的親熱（make out）文化，雖然不普及，還是有很多人會在輝光舞會中和陌生人親熱，但在這種情況下，參與的兩方都要明確的表示同意，才能進行任何動作。

墨西哥捲餅賽跑是整個月的壓軸活動，參賽者在吃掉一顆捲餅後（因為料都包得滿滿、形成圓球狀，用「顆」形容實在不為過），要在操場上跑四圈。學生幹部為了避免參賽者吐在操場上，還會在起點分發嘔吐袋。

這麼奇怪的活動，參加者居然出乎意料地多。身為WJ跑步領導人物的Lewis邀請本校和他校田徑隊上的成員一同參加，他自己衝過終點線時袋子還是滿的！

餐廳募款是WJ和附近社區做連結重要的一環，二月時有四次在特定時段到指定餐廳用餐，結帳時跟收銀員說自己是為了WJ的募款活動而來的，該次消費一大部分的金額就會被交給WJ。

身為學生幹部的James同時也是數學隊的副社長，我在數學隊賽季時也時常乘坐他的車，坐在副駕駛座和他聊天，很快就跨越點頭之交的階段，成了不錯的朋友。在他的陪同下，我參加了許多「為癌症病患募款」的活動，也漸漸了解學生幹部組織的運作模式。

● 轉換跑道

James 和其他班級幹部的成員總是很歡樂、很善於友好的肢體接觸、也時常群聚慶祝自己努力的成果。反觀 SciOly，就算大家都熱愛科學，很多成員都拒絕與他人溝通，就算我想跟他們講話也常無功而返。

我上次比賽時受 Gerald 跟監察員的氣，指導老師還拒絕幫我挺身而出，這些都還歷歷在目。雖然我二月時每天放學後還是在準備 SciOly 的資料，我決定等到地區錦標賽完賽後，要轉換跑道，先把科學擱置一旁，全心探索人文。

二月中，數學隊已經完賽，眼看 SciOly 再過兩週也要進入尾聲，我擔心會像去年一樣，賽季結束後就無事可做，因此把我所有的經驗寫成科學和人文兩個版本的履歷表，等到機會來臨時可以用來投稿應徵工作。

想著想著，某天我走到理髮廳的路上看到一間補習班的招牌，上面標榜著從國小一年級到高中十二年級都有在教。理完髮回家後，我上網搜尋這間補習班的電子信箱，在「聯絡我們」的欄位提出我的求職申請。

一天後，我的信箱裡多了一封郵件，是補習班的老闆 Ms. Martin。她說補習班正好缺人，你能夠教甚麼科目？能夠教到什麼程度？

我跟她回報我 ACT、SAT、SAT 2 數學和物理、AP 宏觀經濟學都可以教，還能夠教中文。

Ms. Martin 回信：「太好了！你下星期二下午過來補習班做測驗，順便試教一位學生吧！」

測驗十分簡單，用意只是要看看我是不是真如我所說的，知道基礎高中數學怎麼算，接下來的試教才是今天的重點，我能否得到這份工作，全要看這位學生喜不喜歡我的教書模式。

來者是一位十年級生，指定科目是數學，程度是代數 2。

她十分聰明，最多只要解釋兩次就能夠了解一個概念。不過，身邊另一位老師警告我說她很容易分心，我和學生聊了一下後就知道他在指甚麼。

學生：「哪，這個二元一次方程式，我要怎麼幫它做微分？」

我：「哈哈哈，妳很好奇嗎？要先這麼做……」

雖然十年級選修微積分的學生還是大有人在，這位學生連代數都需要幫忙，要跳過準微積分的課程直接涉獵微積分，很多老師會覺得她跳太多。不過，我回想 Owen 討論線性代數時興奮的樣子，也能理解這位學生想趕快涉獵微積分的心情。因此我答應她，如果她先把上課的內容都專心聽進去，我就會跟她說明對多項式做微分的規則。

結果整堂課她都很專心聽課，一小時的課程結束後，我依照約定，找了一張白紙和她履行約定。離開補習班時，她臉上帶著微笑，對我說：「Mr. 捷，我們下次見！」

Ms. Martin 聽到後立刻給了我第一堂課的支票，叫我星期六早上開始上班。

轉捩點

與此同時，我開始為春季校隊賽季尋找可以加入的隊伍。基於想嘗試不同事物的心態，這次我想加入球類團體。

我最後選擇排球，每星期日下午和平日有時間時會練習控球。

甄試前一個禮拜，Ms. Martin 問我平日要不要上班？我雖然不確定能不能加入排球隊，卻因為這是我最後參加高中球類運動的機會，以後出社會時上班的機會還很多，因此回絕她的提議，她也把空缺讓給其他老師了。

甄試那幾天，我每天努力參加教練指定的活動，也盡量和現任隊員們打好關係，卻還是在第二天被刷掉了。

怎麼辦？Ms. Martin 的工作提議，現在不復在我手上了，也沒有校隊可以參加，之後我在閒暇時要做甚麼？決心轉換軌道到人文領域的我，也無心做 Orpheus 了。

這時突然想到，我還能跟朋友一起運動啊！雖然不如校隊般可以廣交各種不同的朋友，也不像在補習班教書時可以賺錢，我每幾天還是會跟 SciOly 的朋友去附近的公園跑步、拉單槓，其實也蠻好玩的。

一個禮拜過後，三月十二號星期四，我在放學後跟朋友一起去鄰近的公園做引體向上，回到家，手機上出現一則簡訊：

「由於COVID-19疫情關係，馬里蘭州州長宣布下週一開始，學校暫停上課兩個禮拜。」

17 隔離時那些事

學校停課後，我因為收到好幾間大學的拒絕通知，陷入失落；也因為不用上學，我有許多時間思考之前沒做好的事、做錯的決定、要如何給別人建議等等。

第一個想法是我在高中時應該要專注在少數幾個活動上，這麼一來比較容易晉升較高的職位。我參加過的活動數量龐大，但是其中到底有幾個可以被放在我的申請資料上？大學喜歡看一個學生對一項技能的堅持，我從國中三年級以來就一直轉換社團，這樣不是告訴大學我沒有堅持一個活動的打算，還能有甚麼意思？

折磨了自己幾天，我開始把眼光放到徒手健身上，回想我開始做這些體操背後的故事。

從在台灣的國三下學期開始，我每天會在家裡做簡單的健身訓練，包含伏地挺身、引體向上等等。有次我爸幫我買了一本叫做《囚徒健身》的書，裡面提到如何在有限的空間裡提升自己的體格，我讀得很盡興，便依照書裡的指示開始鍛鍊身體。

在讀《囚徒健身》前，我曾經在電玩裡迷失自我，每天回家功課也不做，不是打電動、就是看別人打電動的影片、或是看電視。除此之外，我一週有好幾天會去學校福利社或是我家附近的便利商店買零食吃，生活十分不健康，成績也一落千丈，段考曾經考過班上最後一名。

經過一連串的打擊後，我決定透過健身改變自己的生活，但因為相關知識有限，長期停留在做仰臥起坐還有姿勢錯誤的伏地挺身階段。

讀了《囚徒健身》後，我學到許多關於增肌、減脂方面的知識，並努力朝健康生活發展。改善飲食、建立良好的生活習慣後，我在學校也比較有心聽課；回家後，讀書的時間也取代了對電玩的沉迷，我的成績也慢慢有起色。

國三暑假，我們全家拜訪許久不見的阿姨、叔叔和剛出生的表妹，表妹似乎挺喜歡我，我也會抱著她在阿姨家裡走來走去。某次我抱著表妹坐在窗邊，想教她一點知識，雖然我知道她聽不懂，還是努力地想到底要教她什麼好。我想教她車子引擎的運動原理、我想跟她解釋為甚麼天空是藍色的、我想啟發她，讓她想要快快長大才能學到更多的事情。

結果，我所能夠教她的、能夠脫口而出的，只有彩虹上的七種顏色。

● 下決心認真向學

虛度光陰的後悔和羞恥感灌入我僅存的理智中，從那天起，我發誓要認真向學！

高一時，我開始涉獵世界名著、翻譯文學、心理學、天文學、物理等知識，學校上課時全神貫注地聆聽、英文課下課後找老師練習英文。我的成績進步得飛快，從第一次段考的第二十名，變成第二次段考第五名，接下來連續三次第三名，都是上課勤作筆記的成果。

每天回家後，我會依照《囚徒健身》的指示做一小時的健身訓練，並且一定要睡上八個小時。最後一次段考，我終於獲得了全班第一名的成績，全程要感謝父母對我充滿信心的支持，還有《囚徒健身》的陪伴。

所以，我做街頭健身也有三年的時間了；想著，我也找回了我的信心。

學校關閉後前兩個禮拜，州政府還沒有發布隔離命令，所以上班族依舊會去公司上班。Ms. Martin 計畫把補習班的教學模式挪到網路上，用視訊上課，過程中需要一位人手的幫忙。

我就是那位幸運兒，週間每天下午四點到七點我都會去補習班上班，薪水也是照時數領，上課的模式卻變化挺大，以前我可以面對面觀察學生的肢體語言，再依此決定課程速度；現在我卻只能盯著一塊電腦銀幕，對學生的想法毫無頭緒。

家長們應該也感覺到了這個變化，有些人決定暫時停止他們小孩的課程計畫。面臨縮水的業績，我們補習班勢必要嘗試新的做法才能保住客戶。

「溝通」成了關鍵。

畢竟學費是家長在付的，讓他們相信學生們有受到良好教育，就會是一個重要的環節。以前家長知道上課情況的方式，就只有透過學生下課後跟他們報告上課的情況，家長跟老師也不是每次都有機會聊到話。

● 疫情下的線上教學

為了使家長對我們產生信心，我決定每次視訊課堂結束後，都花大約十五分鐘的時間撰寫一封電子郵件寄給家長，裡面說明上課的內容，附上今天功課的電子檔還有幾句鼓勵的話。

我的戰術很快就獲得了家長的肯定，他們也紛紛續約。Ms. Martin 對此很高興，把我寫的電子郵件當作範本寄給她旗下所有家教老師，要全部人都照樣行事。

一週後，政府發布居家隔離命令，我被晉升為經理，要確保補習班對線上教學做好最後的準備。我做了一份圖文並茂的文件，告訴其他老師要如何使用 Zoom 視訊程式執行線上教學。

幾天後，電視新聞每天都在播報美國疫情惡化的情況，學校也宣布要開始展開線上課程，雖然從補習班回家前我都有用酒精反覆消毒我的筆記型電腦和充電線，我還是決定要留在家裡，正式展開了隔離生活。

● 隔離時的嗜好

學校線上課程的份量遠遠不如以前耗時，所以四月學校重新在線上開課後，我多了許多可以自由運用的時間。

從去年冬天開始直到現在，我每天還是會聽BBC（英國廣播公司）的世界新聞入睡。隔離開始後，我也多了許多時間深入閱讀一些報導。

為了提升我對世界上各國家地理位置的掌握，我決定做一個龐大的計劃：製作一份長一點二米、寬一點九米的世界地圖！

我到網路上找了一張解析度很高、除了國界甚麼都沒有的世界地圖，再用Photoshop照片編輯程式把它縱切六刀、橫切四刀，總共變成三十五張相同大小的圖。接下來，我把每張小圖的解析度提高，再在每張圖四周加白框，如此才能成功列印出來。

印出來後，我一張一張地把左、右、下方三邊的白框剪掉，如此才能把全部的圖都貼到我的牆上。在Google地圖和維基百科的幫助之下，我從非洲開始，慢慢地標註每個國家的主要城市、國內人口、國內生產毛額、個人平均收入、國旗等資料，每張小圖大約花費三小時左右的時間，完成整個地圖大概花了一百二十個鐘頭！

做這個地圖時，比較困難的事還是尋找各個國家的地理位置囉。如果像澳洲那樣，主要城市都在岸邊的話，我可以依據海岸線形狀輕易找到城市的位置，我在做國家數量多的非洲時，也可以依照國界線的形狀鎖定城市的所在地；反觀巴西、俄國、印度等內陸有許多城市的國家，少了可以比較相對位置的依據，就使下筆十分困難。

另外，因為我的地圖和Google地圖所使用投影法不盡相同，所以在緯度高的地區很多城市的相對位置會不一樣，特別是緯度和經度都高的俄國和加拿大，我在尋找主要城市時苦惱了很久。

開始隔離後，我跟Sol和James在網路上下西洋棋，手機開視訊、電腦則是棋盤，下完後還會使用程式的功能解析下棋時犯的錯誤。雖然這麼說，每次都是我拜倒在他們手下，之後我乾脆教他們怎麼下圍棋，才扳回一點顏面。

此外，我每隔兩天就會做一次徒手健身，輪流訓練背跟肩膀兩個肌群。背部訓練那天，我會走上一英里的距離到附近的公園做暴力上槓，也就是利用動量把上半身抬到單槓上方，也順便練習前水平，就是身體打直、正面朝上，抓著單槓撐著。

肩部訓練那天，我會對著家裡一面牆做倒立伏地挺身，靠牆倒立後，雙手慢慢彎曲，把頭挪靠近地板，再用力把自己撐起來，再練習俄式挺身，就是有如伏地挺身，不過雙腳懸空。這些招式我都還在慢慢學習，所以我會利用改變姿勢減少一些難度，例如做水平時和俄式挺身時把膝蓋向身體方向縮等。我還申請了一個 Instagram 帳號，專門上傳我健身的影片，作為一個持續努力的動力。畢竟比起自己閉關苦練，努力的成果要和別人分享才有趣嘛！

曾經有幾個禮拜，我向我媽拜師學廚藝，從洗菜、切菜、調味、烹調、到最後上桌都稍微學了皮毛，那段時間廚房裡都有我切洋蔥的身影。

我爸偶爾也會同意坐我開的車去附近的森林公園兜風，我會把窗戶搖下來享受風吹進來的感覺，再下車沿著河走走。馬里蘭州的美國人最早在十六歲六個月時就可以得到駕照，不過我因為不是美國人，直到去年年底才拿到學習駕照，在家長的陪同下才可以開車，也要持有學習駕照九個月、開過八十小時以上的車、上過駕訓班後才能考駕照。

為了維持某程度的社交生活，我常跟朋友視訊、講電話，從返校日舞會以來就沒講過話的 Noam 也恢復了聯繫。

四月底，我決定要去伊利諾大學香檳分校（University of Illinois Urbana-Champaign, UIUC）就讀物理系。這間學校的物理系排名全美前十，是 Mr. R 推薦我申請的學校。

確認好要讀的大學後，下一步就是向其他新生做自我介紹和找室友。透過 Instagram，我找到了我們年級的帳號，叫做 UIUC '24，'24 是二〇二四年的縮寫，表示我們畢業的年次。很多美國大學生習慣在 Instagram 自傳中寫出自己大學的縮寫和畢業年次，像我的帳號上就會寫「UIUC '24」。我找了幾張可以反映我個性的照片，搭配一串自我介紹傳給 UIUC '24，他們立刻幫我發了一篇介紹文。

● 在 Instagram 限時動態上，公布要上的大學

室友的部分，UIUC '24 的頁面上有一個表格的連結，上面列出了有在尋找室友的人的名字、主修、興趣、生活習慣等等，我看了一陣子、選好了我中意的幾個人後，

跟他們約好時間講電話，最後終於找到一位感覺挺好相處的人。

五月一日是全美國的準大學生決定自己大學的日子，這天，Instagram 上許多人在限時動態裡，公布朋友們要去的學校以示慶祝。我幫 Hai、Tafari、Daniel、Sol、James、Eboue、Alfred、Kelvin 等人上傳照片，因為大學是很重要的人生階段，做出這重大決定的他們自然值得歡慶一番。

發布限時動態後，我卻默默嘆了口氣，今天也是原定畢業舞會的日子，不但不能實體和朋友相聚，連我們高中生活所剩的時間也不多了，我細數著和朋友們享受過的時光，感到十分不捨。

18 號外！號外！

某天，我在學校報社的網站上閱讀新聞，覺得我也可以憑著在ＢＢＣ世界新聞收聽的報導寫幾篇國際新聞文章，每週定期更新。

想著，我找了一本便利貼，把幾張紙剪成條狀，再把我收聽到的重大國際事件寫在紙條上，貼到我的世界地圖上相對應的國家位置。

幾天後，我把幾張便利貼上的內容寫成一篇文章，標題取做《What's Happening in the World?》（世界上在發生甚麼事？），我把寫好的文章寄給學校報社的指導老師，問她我可不可以在報社網站上發表文章？

她同意了！甚至還發派一位總編輯給我，說有問題的話都可以問這位總編輯。

我當時還不知道，學校報社通常只報導跟學校有直接關聯的事情。像ＷＪ報社會願意刊登跟本校無關的國際新聞的報社，為數其實很少。

● 文章首次見報

ＷＪ報社叫做《The Pitch》，有壘包的意思，因為ＷＪ是紀念Walter Johnson這位偉大的棒球選手命名的，報社會叫做《The Pitch》也是理所當然。《The Pitch》是一份月報，一直以來都有在實體和網路上發行文章，只是由於COVID-19的關係，學生不能去學校，自然也就暫時停印報紙，全面改線上了。

每篇文章在發布前都要經過四個審查階段，包含分部編輯、文字編輯、總編輯、和指導老師四層，我的第一篇文章光是分部編輯的部分就花上兩天的時間，文字編輯也遲遲沒有動我的作品，三天過後我傳簡訊和總編輯回報這個情況，報導才被直接移交到指導老師手上，總共花了一個禮拜才終於在網站上刊登出來。

雖然花了比想像中還久的時間，文章被刊登出來還是令我十分高興。比起SciOly要付出許多心血還要受監察員跟隊員的氣，我只花了大約五個小時就能得到發表文章的成就感，如果能早點加入就太好了。

從那天起，我每隔幾天就上ＢＢＣ的網站聆聽最新的國際新聞，還辦了一個推特（Twitter）帳號，只追蹤政治人物，是獲得第一手新聞的良方。

五月中是AP大考的時間。因為這考試會決定我能不能取得對應的大學學分，美國大學學費又都很貴，我當然是拚了命的準備。

閱覽UIUC的規定後，我發現我可以使用ACT的成績折抵AP英文結構相對應的課程成績，就決定不準備這個考試，還可以申請退款。

今年AP考試和以往相差甚鉅，從前都是在學校內舉辦考試，今年則因為COVID-19的緣故要挪到網路上，負責AP考試的College Board公司及時開發了一套系統，讓學生可以在家裡線上考試。

這麼做，雖然學生舞弊的機會很大，全美大多數大學還是選擇接受今年的AP成績，不過由於少數大學選擇不接受，以往不接受退費的College Board今年公布，如果考生在考試時間沒有上網作答就視為放棄考試，會給予全額退費。

● 閉關準備線上考試

考試前兩週，我打了一通電話給 Ms. Martin，跟她說我要專心準備考試，三個禮拜內不能接學生，便開始了我準備的奮鬥過程。

首先我使用 Princeton Review 複習物理課教過的概念，從頭到尾全部讀了一遍，不過其單元複習小考難度比真正的 AP 考試高出許多，因此建議翻到解答篇看看正確解法，了解背後的原理就好了。

數學的部分我其實不會很擔心，因為 Mr. Kim 雖然對學生出了名的嚴苛，教學效果卻也是有口皆碑。每年他班上除了屈指可數的幾位考生考到三和四分外，大多數的學生都能考出滿分五分。

因應考試方式與去年不同，物理考試的內容也有大幅更改，從前 AP 物理大考是在白紙上計算一些數值，今年則是針對情境性的實驗情況提出分析解答，變成用打字說明的概念題。可是畢竟今年考試是嶄新的一章，誰也沒有經驗和考古題可以參考，我只好上網找過去十年兩個物理 AP（電磁學和機械學是兩個不同的考試）考過的所有題目來寫，希望這麼做可以加強我對考題概念的掌握。

至於數學則是跟以前沒有兩樣，只是變成在家裡寫完題目後拍照上傳到考試的網站，所以我複習數學時可以放心地寫考古題。

考試前一週，我每天晚上十一點把待辦事項寫在放在地板上的小白板上、印出四到六份考古題放在客廳的餐桌上，再把手機關機後去睡覺。隔天早上七點起床後，我直接走到客廳開始寫考題，時間咻的一下就過了，轉眼間來到了中午十二點，昨天晚上印出來的考題也做完了，可以使用手機、休息一下，下午再檢討早上答錯的題目，如果有時間的話再印更多考卷出來寫。

考試前兩天，我把這兩個禮拜以來考過的題目全部看過一次，再把犯過的錯誤全部集中起來分別輸入物理和數學兩份文件裡，花了整天的時間，總共打了一萬五千個字。

考試前一天是母親節，我早上起來做早餐給我媽吃，還寫了一張卡片感謝她隔離開始後每天不間斷地煮健康又營養的中、晚餐餵飽全家人。之後我把打好的文件拿出來閱讀，讀畢後去做其他放鬆身心的事，準備蓄集精力對付明天的考試。

考試當天我發揮出理想的實力，隨後迫不及待地跟 Daniel 慶祝，透過網路一起看了《不存在的房間》，還打電話跟 Alfred 討論考試內容，卻發現有一題寫錯了，不過既然已經有認真準備考試，接下來也只能聽天由命了！

兩天後考數學，考試前一天多算了一些題目，當天反覆閱讀我準備好的筆記，結果考試過程挺順利的。之後也跟 Daniel 和 Sol 玩《現代戰域》慶祝。

AP 考試結束後，AP 課程的老師不再對十二年級生指派功課，學期也差不多快結束了。身為十二年級生的我們上課只上到五月二十二日，之後原本會依照傳統和朋友到海灘渡假一個禮拜（叫做 Beach Week），類似台灣高中的畢業旅行，只是從頭到尾都是自己規劃、籌辦的，同行的也只有自己最要好的朋友們。今年卻因為 COVID-19 的關係不能去海灘渡假，對此，大家雖然感到委屈，卻也只能夠接受。

過幾天，我和 Owen 兩人相約去附近的小學打網球。過程中我們暢談數學、物理和政治等話題。他說他最近在研發一個星系模型，用程式模擬螺旋狀星系從眾星中形成的過程。打完網球後，我們到 Pike & Rose 商城一間名叫 Chipotle 的連鎖墨西哥捲餅店買外帶，再坐在躺椅上曬太陽。

● 發現對寫作的熱情

我很喜歡跟 Owen 聊天，因為他每隔一段時間總是有有趣的經歷可以告訴我，是一位對事物抱有熱情的人。因為熱情，他才會停不下來地找事情做；因為熱情，我也才會跑去找報社老師，在學期結束前兩個月加入報社。

與 Owen 講過話後，就像是被點醒了一般，我想嘗試寫一篇專題報導，題目是瑞典環保運動份子 Greta Thunberg。不同於我之前寫的世界新聞回顧，這次要寫的文章是好幾百字、深入探討單一話題的作品。回到家後，我在紙上列出我要傳達的重點、還有每個段落的大綱，之後就開始動工，全心投入的我連窗外的太陽下山了都沒發現。

寫好的初稿裡，我簡短敘述了 Greta 的社運經歷、她對世界的影響、還有我見到她本人的感觸。文章總長一千三百多字，我心滿意足地往上繳交了。

不料，身為意見專欄編輯的 Rina 和我說這篇文章太長了，大概要減掉九百個字。畢竟每個字都是我再三考慮後才寫上去的，我刪減時十分不捨，但還是選擇相信她的專業，把文章刪減成最核心的幾個章節。

接下來一個禮拜，我每天又花了許多時間撰寫其他文章，主題是報社鮮少報導的學校角落，像是 ESOL、SciOly、數學隊等等。《The Pitch》在學生組織方面通常只報導校隊相關的議題，我覺得有必要挺身而出，讓學校其他人知道這些組織、人物的存在。

對於 ESOL 學生來說，要適應 WJ 的環境是十分困難的，不僅語言不通、文化也大有差異，我為 ESOL 寫的文章叫做《Two Years, From ESOL to AP Lang》（兩年間，在 ESOL 和 AP 英文結構的旅程），文中除了我學習英文的經驗外，大略講述我融入學校環境的歷程，一方面希望可以透過分享我的經驗造福學弟學妹，一方面又希望美國讀者可以了解我們融入他們文化的辛苦。我某天半夜兩點起床後睡不著，決定撰寫這篇文章，寫完後把它寄給以前的 ESOL 老師和同時也是 ESOL 部長的 ESOL 進階溝通老師，他們回信說會在課堂上分享我的文章。

● 用筆陳述自己的故事

我在 SciOly 最大的遺憾就是成員們不懂得歡慶自己的成就，今天寫這篇報導就是要讓大家知道我們努力的成果，就像在 Instagram 上發限時動態一樣，寫這篇文章是要向全校宣告我們是值得尊重的團體，而不是一群甘心躲在陰暗處的書呆子。這篇文章叫做《WJ Should Do More To Celebrate Intellectualism》（ＷＪ要做更多的事來慶祝知識主義），文內比較運動競賽者和知識競賽者在ＷＪ受到的待遇之不同，也拿 SciOly 和數學隊與運動校隊所付出的時間跟努力做比較，結論是學校應該要做更多，來慶祝跟知識相關的社團。

為了讓有興趣的人能夠更進一步了解 SciOly 和數學隊，我決定對兩個社團的社長進行訪問。因為其他學生記者需要花上一番功夫才能片面了解這兩個社團的運作模式，如果是由我這個同時是兩者社員的記者進行採訪，文章比較有機會詮釋 SciOly 和數學隊真正的面貌。

採訪過程十分順利，我把兩次採訪的時間都排在一個星期六早上，時間間隔一個小時，每個採訪的長度也是半個小時。我分別問他們十個問題，其中七個是關於他們個人領導社團的特殊方針和對未來的期許，三個則是關於他們的個人介紹、平時的嗜好等等。

取得錄音檔後，我把檔案上傳到 Youtube，等待程式幫我產生字幕的文字稿，在文字稿的幫助下，我很快速地找到了我想引用的話，之後只要再回去聆聽原本的錄音檔，確認我打出來的字跟他們訪問時講的話如出一轍就可以了。

透過撰寫新聞，我能夠替我重視的人、事、物發聲，這是新聞吸引我的地方。考完AP後的兩個禮拜，我幾乎每天都睡不著，半夜兩點到四點會興奮地醒來寫文章，腦中有種對寫作和文字的渴望。雖然睡得少，我整天都還是很有活力，應該是對筆的力量著魔了吧。

19 禮成

由於 COVID-19 疫情散布快速，我們家決定提早一個半月回台灣，預計五月三十一日到華盛頓杜勒斯國際機場搭乘到洛杉磯的班機，再從該地轉機搭到桃園國際機場。

我從四月開始就知道這個決定，決定傳簡訊告知所有好友，象徵性的與他們話別。

Owen 與我決定騎腳踏車到華盛頓特區享受當地景色，一路上四周都是濃密的樹林和波多馬克河流水潺潺的聲音，途中我們還在馬場邊停下來看馬；全程我們討論數學、物理、政治等議題的聲音不曾間斷，抵達特區後，我們到林肯紀念堂旁邊的憲法花園看自己的書、享受灑在身上的陽光和微風的吹拂。回途，我們經過去年十月時和 Eboue 一同走過的大街，即將離別的悲傷不禁使我們沉默下來。

Sol、Daniel、我、還有一位 SciOly 的友人決定去打網球、隨後在 Pike & Rose 停車場頂樓俯視整個商場、再訪附近超市的停車場頂樓，最後在晚上十一點時到 WJ 停車場散步。我盡我所能地把當下的景色看個夠，心裡默默知道，下次再來拜訪時，因為心境會有所改變，感觸也會截然不同了。

● 告別青春年少的日子

James 和我約在我公寓的停車場見面，他開著載我到處去數學隊比賽的那台車前來，遞給我一整袋的巧克力。他平時社交活躍，現在卻是我朋友中對於防範疫情最小心的一個，三月學校停止上課後就沒再跟任何人會面，這次為了替我送別特別破例。

Rina、Eboue、Alfred、Kelvin 等人選擇用視訊與我道別，還有許多人傳簡訊祝我一路順風。

我花了整個早上寫信給每位對我有恩惠的師長，告訴他們我之後會去讀伊利諾大學香檳分校（University of Illinois Urbana-Champaign, UIUC），並向他們提起我上他們的課時，印象最深刻的事情。

往機場的路上，我細細數著這兩年期間精彩的時光，打算趁搭飛機的時候寫一篇關於搬家時心情的文章，作為我和《The Pitch》的告別。

踏進機場前一刻，我對著WJ的方向輕輕說了一聲：

「Thank you。」

20

結語

在寫這本書時，我正值高中畢業的暑假，準備要上大學了。有些事件雖然距離我有些遙遠，不過因為在這兩年間有維持寫週記和日記的習慣，「當下的自己」可以幫助我回憶曾經發生的事。

直到現在，我回想第一天自己在圖書館前吃午餐還是會覺得十分寂寞、想到 Mr. Donald 事件時還是會十分火大、想到跟 Noam 的奇遇還是會覺得不可思議、想到與 Sol 跟 Daniel 打網球會十分愉快、想到離開 WJ 還是十分憂愁感傷。幸好生活中有家人和朋友的支持，不然真不知道如何扛住這些情緒。

我要感謝我的媽媽，因為她的堅持，我們全家才能有舒適的生活環境和健康又好吃的食物。她把全家的健康視為己任，不辭辛勞地打理家務，也教導我做人處事的道理。

我要感謝我的爸爸，因為他的工作機會，我們全家才能到美國居住兩年，過程中我十分為當地文化所吸引，因此才會寫這本書分享經驗。

我要感謝我的妹妹，雖然她比我小兩歲九個月，卻是一位很好的玩伴，有她在的地方就生氣蓬勃。

我要感謝我在台灣的朋友，在適應美國生活初期，透過視訊支持我，讓我充滿信心與勇氣。

I would like to thank all of you from the U.S, it was only because of you that my life in the past two years could possibly have been so much fun!（我要感謝我在美國的朋友，因為有你們，我在美國的生活才能充滿樂趣！）

附錄

AP課程一覽

本書作者剛到美國高中時缺乏對AP課程的了解，因此沒有在選課時選到對自己申請大學最有利的組合，以下附錄作者在兩年期間對AP課程蒐集到的資訊及想法以供讀者參考，希望可以幫助赴美留學的讀者選到最適合自己的課堂搭配！

以下陳列的寫作業時間沒有考慮到語言隔閡，如果是ESOL 4到5級的朋友，做作業時間大概要乘以一．五倍，三級以下是兩倍以上。

很多課程的作業在學期初都比較花時間，不過只要掌握住一定的寫功課規律後，就能夠大幅減少寫作業的時間。就算前幾個禮拜比較難熬，只要撐過去，之後就會變得輕鬆許多了！

英文

AP English Language and Composition（AP Lang）

這是書中提到的AP英文結構，一般來說，WJ十一年級美國學生普遍會修這堂課，這堂課的功課量變動大，有可能一個禮拜都沒什麼作業，下個禮拜因為有作文要交，每天就要花上幾個小時寫作。對於國際學生而言，該堂課最重要的就是對英文寫作的興趣，還要做好要比一般美國學生多花上好幾個小時做作業的心理準備。

AP English Literature and Composition（AP Lit）

WJ很多十一年級選修AP英文結構的人升上十二年級後也不會修這堂課，因為這堂課偏向文學探討，不是很多人對此抱有興趣，建議以後大學想要就讀人文科系的話可以考慮選修，功課量和AP英文結構相仿。

● 人文科學

AP Comparative Government and Politics（AP Comp Gov）

難度不會很高的一堂課，內容著重於英國、俄國、中國、伊朗、墨西哥、以及奈及利亞的政府組織模式，每天功課在半小時內可以寫完。

AP European History

難度較高的一堂課，大約每天要花一至一個半小時寫作業，課程內容很多元，可以幫助學生從經濟、歷史、社會、宗教等各面向思考許多議題。

AP Human Geography（AP Human Geo）

很簡單的一門課，被暱稱為 AP Map，顧名思義，整堂課是在學地圖上各國家的相關知識。

AP Macroeconomics（AP Macro）

為期一學期的課，這是作者第一堂ＡＰ課，每週要花三小時左右複習課堂內容和寫作業。

AP Microeconomics（AP Micro）

為期一學期的課，功課量與AP Macro差不多。

AP Psychology（AP Psych）

課程內容十分簡單易懂，不過功課量卻十分多，建議十年級選修，才不會跟十一、十二年級時選修的其他ＡＰ課搶寫作業的時間。

AP United States Government and Politics（AP Gov）

課程內容較多需要背的內容，ＷＪ學生大多數九年級時就會選修，許多人推薦這麼做，因為可以盡早培養記筆記的習慣。諷刺的是，這堂課身為多數學生第一堂選修的AP，卻也是全部AP中，功課量最多的一堂，不僅一天要花上一小時寫作業，假日還常常需要做課程需要的概念紙卡，建議在九年級時選修，十年級以上不推薦選修，把時間拿去學其他AP課程吧！

AP United States History（A-push）

WJ學生在十年時普遍學的一堂課，課程內容比榮譽美國歷史教得詳盡，一天大約需要四十分鐘到一小時的時間閱讀題材。

AP World History: Modern（**AP World**）

WJ一般美國學生十一年級會學的課程之一，作業通常半小時內就可以完成，有作文要繳交時要做好要多花時間的準備。

● 數學和資訊工程

AP Calculus AB（AB）

整個學年學的進度和大學一個學期的微積分課程進度一樣，作業少，大概二十分鐘內即可完成，有興趣在大學學習理科類的話建議直接挑戰BC。

AP Calculus BC（BC）

學習進度和大學入門微積分課程相仿，作業量多而穩定，作者十二年級時每天花一到一個半小時的時間寫這堂課的作業，大學想申請理工科系的話建議選修這堂課。

AP Computer Science A（APSCA）

適合想往理工發展的學生選修的資訊工程課，使用Java程式語言，每天要花上四十五分鐘寫作業，但還是因個人對程式設計的能力而定。

AP Computer Science Principles

設計給非理工取向的學生學習的資訊課程，大學時可以拿該 AP 考試成績滿足大學對人文系學生基礎資訊課程的要求。整堂課十分簡單，根據作者朋友 Daniel 跟 Hai 的描述，他們常常在課堂結束前不只把該堂的功課都寫完了，還利用剩餘的上課時間把其他堂課的功課一併完成。

AP Statistics（AP Stats）

適合想主修經濟學或是往人文學科發展的學生選修的數學課，課程內容十分簡單，每天功課也在半小時內可以完成。

● 自然科學

AP Biology（AP Bio）

難度高的一堂課，課程作業也格外花時，每天一個半小時是必須的，建議想讀理工科系的同學選修。

AP Chemistry（AP Chem）

課程長度特殊，長達兩節課時間的一堂課，功課如同 AP Bio 一樣十分花時間，建議以後想讀理工科系的同學選修。

AP Environmental Science（AP Enviro）

課程內容十分簡單，主要在教環境面臨的各種人為污染，功課量因老師而異，卻也有許多人認為不需要上該課，只要自學就能得到好的 A P 大考成績。

AP Physics 1: Algebra-Based（Physics One）

基礎物理課程，相當於美國大一物理的第一堂課程（Physics 101），上課內容不難，只不過功課有些繁重，每天需要一小時才能完成。

AP Physics C: Electricity and Magnetism（Physics C Electricity）

長度只有一個學期、以微積分為基礎的課程，需要已經上過 AP 微積分任一堂課或是正在上任一堂微積分才能選修，課程內容有些艱澀，作業大概每天需要一至一個半小時才能完成。

AP Physics C: Mechanics（Physics C Mech）

因為選修該課程的學生大都有修過 AP Physics 1 或是榮譽物理的課程、這些課程內容又與 AP Physics 1 十分相近，比起 Physics C Electricity 平易近人許多。

● 語言

AP Chinese Language and Culture（AP Chinese）

在台灣長大的朋友們如果想要這堂課的 AP 學分，不需要選修這堂課，就直接去考 AP 考試吧！很容易拿滿分，也可以作為向大學證明擁有中文水準的依據。

AP French Language and Culture（AP French）

在WJ，法文到一定程度的學生可以選擇上AP French或是法文第五級，差別在於課堂進行的速度，因為每個學校提供的課程方案不盡相同，建議和學校法文老師談過後再做決定。

AP Italian Language and Culture（AP Italin）

同法文。

AP Latin（AP Latin）

在WJ，拉丁文只有一個選課方案，所以程度到、有興趣要繼續學習的學生自然就會學習。很多美國人喜歡學拉丁文，因為如此也可以增加他們對母語英文的掌握度。

AP Spanish Language and Culture（Spanish Lang）

跟 AP French 類似的情況，不過西班牙文的課程難度普遍比其他語言高上許多。

AP Spanish Literature and Culture（Spanish Lit）

算是 AP Lit 的西班牙文版本，就連母語為西班牙文的同學也要花一番功夫才能保持好成績。

● 藝術

AP 2-D Art and Design

學生在這堂課裡學習數位設計、攝影等領域，與 AP Drawing 相比，必較著重於作品的設計，而非完成度，作業耗時程度因學生而異。AP「大考」時不需考試，只需要上傳學年期間做的作品即可。

AP 3-D Art and Design

學生在這堂課裡學習雕塑、陶作等領域，和 AP 2-D Art 一樣，注重作品的設計，而非完成度。AP「大考」時不需考試，只需要上傳學年期間做的作品即可。

AP Art History

相較其他藝術課程，此課較著重於歷史，建議學習 AP World 之後再來上。對藝術抱有興趣、上過該堂課的同學普遍推薦。

AP Drawing

學生在這堂課裡學習手繪的各式技巧，作業耗時程度因學生而異。AP「大考」時不需考試，只需要上傳學年期間做的作品即可。

AP Music Theory

多數學生覺得課程難度高，不過普遍推薦以後想往音樂方面發展的學生選修。

註：WJ不提供AP Research、AP Seminar、AP German Language and Culture、AP Japanese Language and Culture、AP World Languages and Cultures、AP Physics 2: Algebra-Based，因此作者不能給予這方面的意見，請讀者們見諒！

大好文化
大好生活 7

美國高中生存指南

一年內，從ESOL到AP Lang的台灣小高一奮鬥史

AMERICAN HIGH SCHOOL SURVIVAL GUIDE

作　　者｜許捷（Chieh Hsu）
出　　版｜大好文化企業社
榮譽發行人｜胡邦崐、林玉釵
發行人暨總編輯｜胡芳芳
總 經 理｜張榮偉
主　　編｜林玉琳、古立綺
編　　輯｜方雪雯、韓書揚、胡蓉威
封面設計｜陳文德
行銷統籌｜章曉春、林鴻讀
客戶服務｜張凱特
法律顧問｜芃福法律事務所魯惠良律師
通訊地址｜11157臺北市士林區磺溪街88巷5號三樓
讀者服務信箱｜fonda168@gmail.com
郵政劃撥｜帳號：50371148　戶名：大好文化企業社
讀者服務電話｜02-28380220、0922309149
讀者訂購傳真｜02-28380220
版面編排｜唯翔工作室 (02)23122451
印　　刷｜鴻霖印刷傳媒股份有限公司 0800-521-885
總 經 銷｜大和書報圖書股份有限公司 (02)8990-2588

ISBN　978-986-99345-3-4
出版日期｜2021年1月1日初版
定　　價｜新台幣320元

國家圖書館出版品預行編目資料

美國高中生存指南：一年內，從 ESOL 到 AP Lang 的台灣小高一奮鬥史 / 許捷（Chieh Hsu）著 . -- 初版 . -- 臺北市：大好文化，2021.01
AMERICAN HIGH SCHOOL SURVIVAL GUIDE
240 面；14.8×21 公分 . --（大好生活 ; 7）
ISBN　978-986-99345-3-4（平裝）
1. 留學生 2. 學生生活 3. 美國
529.2652　　109017484